Schoebe® Elementargrammatik

Rechtschreibung und Zeichensetzung

Verfasst von Gerhard Schoebe

Oldenbourg

Aus Gründen des angenehmeren Leseflusses wird auf die Nennung der jeweils weiblichen und männlichen Form verzichtet. Damit ist keineswegs eine Diskriminierung beabsichtigt: Die Verwendung des Maskulinums bei Bezeichnungen wie „Schüler", „Schreibender", „Sprecher" o.Ä. schließt immer auch Schülerinnen, Schreibende und Sprecherinnen mit ein.

Auskünfte zur Rechtschreibung und zu stilistischen und grammatischen Fragen erteilen:

Gesellschaft für deutsche Sprache
Sprachberatung
Telefon 09001-888128
(montags bis freitags von 9 bis 17 Uhr)
Spiegelgasse 11
65183 Wiesbaden

Sprachberatungsstelle der Dudenredaktion
Telefon 09001-870098
(montags bis freitags von 8 bis 18 Uhr)
Postfach 100311
68003 Mannheim

WAHRIG-Sprachberatung
www.wahrig-sprachberatung.de
Avenwedder Str. 55
33311 Gütersloh

Grammatisches Telefon Potsdam
Telefon 0331-9772424
(montags bis freitags von 10 bis 12 Uhr)

Aachener Sprachtelefon
Telefon 0241-8096074
(montags bis freitags von 10 bis 12 Uhr)

Redaktion: Anne-Kathrein Schiffer
Umschlagkonzept: Mendell & Oberer, München
Umschlaggestaltung: groothuis, lohfert, consorten GmbH, Hamburg
Technische Umsetzung: artesmedia GmbH, Glonn

www.oldenbourg-bsv.de

Dieses Werk berücksichtigt die Regeln der reformierten Rechtschreibung und Zeichensetzung.
Ausnahmen bilden Originaltexte, bei denen lizenzrechtliche Grunde einer Änderung entgegenstehen.

3. Auflage, 7. Druck 2013/06

Alle Drucke dieser Auflage sind inhaltlich und unverändert und können im Unterricht nebeneinander verwendet werden.

© 1996 Oldenbourg Schulbuchverlag GmbH, München

Das Werk und seine Teile sind urheberrechtlich geschützt. Jede Nutzung in anderen als den gesetzlich zugelassenen Fällen bedarf der vorherigen schriftlichen Einwilligung des Verlages.
Hinweis zu den §§ 46, 52a UrhG: Weder das Werk noch seine Teile dürfen ohne eine solche Einwilligung eingescannt und in ein Netzwerk eingestellt oder sonst öffentlich zugänglich gemacht werden.
Dies gilt auch für Intranets von Schulen und sonstigen Bildungseinrichtungen.

Druck: Stürtz GmbH, Würzburg

ISBN 978-3-637-00078-0

 Inhalt gedruckt auf säurefreiem Papier aus nachhaltiger Forstwirtschaft.

Inhalt

Wortarten 4
Überblick 4
Flektierbare Wortarten 4
Unflektierbare Wortarten 9

Formenwelt des Verbs 11
Die vier Gefüge des Verbs (Überblick) 11
Die Personalformen und die infiniten Formen 11
Die Tempora 12
Die Handlungsarten 15
Die Modi 17

Satzglieder und Satzgliedteile 22

Syntax 26
Hauptsatz und Nebensatz 26
Der Hauptsatz 26
Der Nebensatz 28

Wortarten, Satzglieder, Satzarten 31

Rechtschreibung 34
Rechtschreibhilfen 34
Lange und kurze Vokale: Übersicht 35
Lange und kurze Vokale: Grundsätze 36
Lange Vokale: Besonderheiten 36
Kurze Vokale: Besonderheiten 38
Konsonanten 41
Vorsilben und Nachsilben 51
Getrennt- und Zusammenschreibung 52
Groß- und Kleinschreibung 66
Worttrennung am Zeilenende 72

Zeichensetzung 73
Punkt 73
Komma 73
– in Satzgefügen und Satzreihen 74
– in Aufzählungen 79
– mögliche Kommasetzung 82
Semikolon 82
Doppelpunkt 83
Apostroph 83
Anführungszeichen 83
Zeichensetzung bei direkter Rede 84

Register 87

Wortarten

Überblick

1

Wörter, die man verändern (beugen) kann: flektierbare Wortarten			
Wortart	Leistung	Beispiel	flektierte Formen
Verb	Tunwort, Tätigkeitswort	laufen	(du) läuf*st*, er l*ief*
Substantiv (Nomen)	Namenwort, Hauptwort	Kopf	Köpf*e*, (des) Kopf*es*
Artikel	Geschlechtswort	der	d*ie*, d*es*, d*em*
Adjektiv	Eigenschaftswort, Artwort, Wiewort	schön	(das) schön*e* (Haus) (das) schön*ere*, (das) schön*ste* (Haus)
Pronomen	Fürwort		
Personal-		ich, du, er, sie, es, wir	*mir, mich, ihm*
Possessiv-		mein, dein, sein	mein*e*
Demonstrativ-		dieser	dies*e*
Relativ-		der, welcher	d*ie*, welch*e*
Frage-		wer? was?	we*ssen*?
Reflexiv-		sich	*mich, dich*
Indefinit-		niemand	niemand*em*
Numerale	Zahlwort	drei	(den) drei*en*
		erster	(dem) erst*en*

Wörter, die man nicht verändern (beugen) kann: unflektierbare Wortarten			
Wortart	Leistung	Beispiel	flektierte Formen
Partikeln			
Adverb	Umstandswort	hier, heute, sehr	
Präposition	Verhältniswort	in, vor, mit	
Konjunktion	Bindewort	und, aber, denn, weil	
Interjektion	Ausrufewort	oh!	

Bezeichnung	Leistung	Beispiel

Flektierbare Wortarten

2   **Das Verb**

Tätigkeitswort, Tunwort; bezeichnet
– Tätigkeiten (Handlungen),
– Vorgänge,
– Zustände.

Ernie *brachte* den Abfall *fort*.
Jetzt *spielt* Ernie mit dem Ball.
Der Ball *rollt* unter den Tisch.
Bert *liegt* im Bett.

4

Bezeichnung	Leistung	Beispiel

Konjugation
(Beugung)

	Numerus (Zahl)	
Person	**Singular** (Einzahl)	**Plural** (Mehrzahl)
1.	ich lauf*e*	wir lauf*en*
2.	du l*äu*f*st*	ihr lauf*t*
3.	er, sie, es l*äu*f*t*	sie lauf*en*

Wie erkennt man ein Verb?

In einem Satz findet man das Verb heraus, wenn man ihn
– in eine andere Person
– oder in eine andere Zeit setzt.

Das Verb *ändert sich* dabei.

Ernie brachte den Abfall in die Mülltonne.
Er brachte den Abfall in die Mülltonne.
Du *brachtest* den Abfall in die Mülltonne.
Er *bringt* den Abfall in die Mülltonne.

bringen ist das Verb.

Wortaufspaltung beim Verb

Viele Verben sind zusammengesetzt aus **Grundwort** und **Verbzusatz**. Bei den meisten von ihnen **zerlegt sich** das Verb im Satz.

fortbringen, anrufen, untersuchen

bringen + fort
Er *brachte* den Abfall *fort*.
(Dieses Verb ist eine **trennbare [auch: unfeste] Zusammensetzung**.)

3 Das Substantiv (auch genannt: **Das Nomen**)
(Plural: *die Substantive, die Nomen*)

Namenwort, Hauptwort; benennt
– Lebewesen,

– Pflanzen,
– Dinge,
– Gedankendinge (abstrakte Begriffe, Wahrnehmungen, Gefühle und Ähnliches).

Karl, Bruder, Nachbarin, Busfahrer; Elefant
Rose
Haus, Bus, Teller, Gabel
Freundschaft, Verdacht, Wärme, Gebell, Durst, Freude, Angst, Aufregung

4 Der Artikel

Geschlechtswort, „Begleiter" eines Substantivs (Nomens)

bestimmter Artikel

der Bruder, *die* Schwester, *das* Kind, *die* Brüder

unbestimmter Artikel

ein Onkel, *eine* Tante, *ein* Auto

Bezeichnung	Leistung	Beispiel

5 Deklination
(Fallsetzung)

Es heißt:
der Numerus,
Plural:
die Numeri;

der Kasus,
Plural:
die Kasus (mit langem *u*).

Kasus (Fall)	Numerus			
	Singular			Plural
	Genus			
	Mask.	Fem.	Neutr.	
1. Fall **Nominativ** (Werfall)	der Hund	die Katze	das Huhn	d*ie* Hund*e*
2. Fall **Genitiv** (Wesfall)	d*es* Hund*es*	d*er* Katze	d*es* Huhn*s*	d*er* Hund*e*
3. Fall **Dativ** (Wemfall)	de*m* Hund	d*er* Katze	de*m* Huhn	de*n* Hund*en*
4. Fall **Akkusativ** (Wenfall)	de*n* Hund	die Katze	das Huhn	d*ie* Hund*e*

Das Genus
(Plural: *die Genera*)
Es gibt drei Genera:
Maskulinum
Femininum
Neutrum.

grammatisches Geschlecht

„männlich" — *der* Gegenstand
„weiblich" — *die* Sache
„keines von beiden" (sächlich) — *das* Ding

6 Das Adjektiv

Vgl. Nr. 8.

Wiewort, Eigenschaftswort; bezeichnet Art, Eigenschaft, Merkmale von
– Personen und anderen Wesen, Pflanzen, Dingen, Gedankendingen,
– Tätigkeiten, Vorgängen und Zuständen.

lustig, sportlich, dunkel, kurz

Der *lustige* Jonas pfeift.

Boris sortiert die Fotos *sorgfältig* .

Fast alle Adjektive sind steigerungsfähig:

Der Positiv	Grundstufe (Normalstufe)	hübsch, schlau, dick
Der Komparativ	höherer Grad	hübsch*er*, schlau*er*, dick*er*
Der Superlativ	Höchstgrad	(der) hübsch*este*, schlau*este*, dick*ste*; am sorgfältig*sten*

Nicht steigerungsfähig, z. B.:

einzig, gleich, mündlich, tot, rosa, optimal, bestmöglich, ewig, täglich.

falsch z. B.:
die *einzigste Ausnahme, die *bestmöglichste Lösung

Bezeichnung	Leistung	Beispiel
7 Die Pronomen (auch: die *Pronomina*; Singular: **das Pronomen**) *Pronomen* bedeutet wörtlich: 1. ‚für ein Nomen' 2. ‚vor einem Nomen'	Fürwörter; entweder „Stellvertreter" oder „Begleiter" zu einem Substantiv (Nomen). Fast alle Pronomen sind deklinierbar.	Ich finde *es* schön (das neue Fahrrad). *es* als Stellvertreter für *Fahrrad* *mein* Fahrrad dies*er*, dies*es*, dies*em*, dies*en*
a) Das Personalpronomen	persönliches Fürwort • „Stellvertreter" für Substantive (Nomen), • benennt nicht, aber **steht für** – Personen und andere Wesen, – Pflanzen, – Dinge, – Gedankendinge. Vgl. Nr. 3.	ich; du; er, sie, es; wir; ihr; sie

	Numerus:	Singular			Plural		
	Person:	1.	2.	3.	1.	2.	3.
Kasus	Nom. Gen. Dat. Akk.	ich meiner mir mich	du deiner dir dich	er seiner ihm ihn	sie ihrer ihr sie	es seiner ihm es	wir unser uns uns	ihr euer euch euch	sie ihrer ihnen sie

Höflichkeitsanrede

	Singular	Plural
	Eine Dame und/oder ein Herr wird angeredet:	Mehrere Damen und/oder Herren werden angeredet:
Nom. Gen. Dat. Akk.	Sie Ihrer Ihnen Sie	Sie Ihrer Ihnen Sie

z. B.: Haben *Sie* heute schon die Zeitung gelesen?

| **b) Das Possessivpronomen** | Fürwort für die Zugehörigkeit • „besitz"anzeigendes Fürwort • es geht nicht immer wirklich um Besitz • fast immer „Begleiter" von Substantiven (Nomen) | mein, meine, mein; dein; sein; meins usw. *meine* Heimatstadt *Mein* Pullover ist grün. |

Bezeichnung	Leistung	Beispiel
c) **Das Demonstrativpronomen**	hinweisendes Fürwort	dies; dieser, dies*e*, dies*es*, dies*e*; jener; der; derjenige; (ein) solcher; derselbe; selbst
	• entweder auswählender und verstärkender „Begleiter" von Substantiven (Nomen)	Nimm *diese* Schraube!
	• oder „Stellvertreter" für Substantive (Nomen) [so wie das Personalpronomen]	Daniela gab den Ball an Paul ab. *Dieser* schoss.
d) **Das Relativpronomen**	Beziehungsfürwort, bezügliches Fürwort;	der, d*ie*, d*as*; d*ie* welcher, welch*e*, welch*es*; welch*e*; wer, was
	• leitet einen Nebensatz ein (vgl. Nr. 41) und bezieht ihn – auf ein Substantiv (Nomen) oder Pronomen des übergeordneten Satzes	Die Bastelanleitung, *die* Sascha mir gegeben hat, konnte ich gut verstehen. Ich suche das Bastelbuch, *das* Tina mir mitgebracht hat. Das ist es, *was* ich jetzt brauche.
	– oder auf den ganzen übergeordneten Satz;	Ich verstehe genau, *was* du meinst.
	• meistens „Stellvertreter";	das Buch, *das* du suchst
	• manchmal „Begleiter" zu einem Substantiv (Nomen).	Ich weiß, *welches* Buch du meinst.

Das Relativpronomen *der, die, das* wird so ähnlich dekliniert wie der bestimmte Artikel (vgl. Bemerkung neben der Tabelle).

Relativpronomen	Singular			Plural
	Mask.	Fem.	Neutr.	
Nominativ	der	die	das	die
Genitiv	des*sen*	der*en*	des*sen*	der*en*
Dativ	dem	der	dem	den*en*
Akkusativ	den	die	das	die

(Diejenigen Formenbestandteile, die von der Deklination des bestimmten Artikels abweichen, sind durch Schrägdruck gekennzeichnet.)

e) **Das Fragepronomen (Interrogativpronomen)**	Fragefürwort; • leitet einen Fragesatz ein, • ist entweder „Stellvertreter" • oder „Begleiter" zu einem Substantiv (Nomen).	wer? was? welcher? *Wer* hat angerufen? *Welchen* Pulli soll ich anziehen?
f) **Das Reflexivpronomen**	rückbezügliches Fürwort; • bezieht sich zurück auf den Handelnden.	Sie freut *sich* über das Geschenk.

Bezeichnung	Leistung	Beispiel
g) **Das Indefinitpronomen**	unbestimmtes Fürwort, Pronomen der Menge; • meist „Stellvertreter" von Substantiven (Nomen) • Manche von ihnen kann man nicht deklinieren.	jemand, man, niemand; mancher, einige, alle, alles; jeder, keiner, kein; etwas, nichts man, etwas, nichts
8 **Das Numerale** (Plural: *die Numeralia* oder: *die Numeralien*)	Zahlwort	
Kardinalzahl	Grundzahl • Die Kardinalzahlen sind Adjektive, deren Wortinhalt eine Grundzahl ist. • Die Großzahlen sind jedoch ihrer Form nach Substantive (Nomen), • die Bruchzahlen hingegen Adjektive, manchmal substantiviert.	eins, zwei, dreißig, hundert einer, ein, der eine, beide, halb eine Million viertel, drittel, halb, ein *halbes* Kilo; das Viertel
unbestimmtes Zahlwort (unbestimmtes Numerale)		viel(e) (mehrere, die meisten), wenig(e); einzeln(e), übrig(e), verschieden(e)
Ordinalzahl	Ordnungszahl • Die Ordinalzahlen sind Adjektive, deren Wortinhalt sich auf eine zahlenmäßige Reihenfolge bezieht.	(der, die, das) erste, zweite, dritte usw. das *dritte* Kind

Unflektierbare Wortarten

Die Partikel Oberbegriff zu Adverb, Präposition und Konjunktion (Plural: *die Partikeln*)	Partikel Adverb — Präposition — Konjunktion	
9 **Das Adverb** (Plural: *die Adverbien*) (Vgl. Notiz auf Seite 31.)	„Umstandswort", Lagewort; bezeichnet die näheren Umstände, macht Angaben – zur Lage im Raum (Lokaladverb), – zur Lage in der Zeit (Temporaladverb), – zur Art und Weise und zum Grad (Modaladverb), – zur gedanklichen Verknüpfung (Konjunktionaladverb, auch: logisches Adverb)	 hier, da, dort, oben, vorn, überall, links, innen, draußen, irgendwo, nirgends usw. dann, da, damals, gestern, heute, morgen, morgens, neulich, vorher, noch, nun, oft, immer, niemals, nicht, irgendwann usw. gern, so, anders, wohl, vielleicht usw. deshalb (Kausaladv.), folglich, infolgedessen (Konsekutivadv.), sonst, dennoch, trotzdem (Adversativadv.)

Bezeichnung	Leistung	Beispiel
	Man kann mithilfe von Adverbien die Bedeutung von Wörtern näher bestimmen:	
	– eines Substantivs (Nomens)	Der *Tempel* drüben gehört zu Liliputs Hauptstadt.
	– eines Verbs	Die Liliputaner *haben* sich sehr *gefreut*.
	– eines Adjektivs	Gulliver war sehr *müde*.
	– eines Adverbs	Der Kaiser gähnte sehr *oft*.
	Man kann mit ihrer Hilfe auch das gedankliche Verhältnis zwischen zwei Sätzen ausdrücken.	Gulliver war müde, auch der Kaiser gähnte.
Das Frageadverb	dient zur Einleitung einer Frage.	wohin? wo? wann? wie? warum? wozu?
Das Relativadverb	bezieht einen Nebensatz auf den übergeordneten Satz (vgl. Nr. 41 und 7 d).	Gulliver wusste nicht, woher die vielen Menschen kamen. wo, wann, wie, weshalb, worüber
10 **Die Präposition**	Verhältniswort; steht vor einem Substantiv (Nomen)	Meine Schwester besucht in Köln die Fachschule. Sie wohnt bei meiner Tante.
	oder Pronomen.	Ich will mit ihr den Weihnachtsmarkt besuchen.
	Die Präposition wird manchmal mit dem Artikel verschmolzen. zu + der = zur in + dem = im	Sie geht in Köln zur Fachschule.
11 **Die Konjunktion**	Bindewort; verbindet • Wörter, • Satzglieder • und ganze Sätze miteinander.	und, oder, aber, denn, weil, dass Die Liliputaner sind klein und leicht und haben nur geringe Körperkräfte, aber sie können dennoch schwere Lasten bewegen, denn sie sind gute Techniker.
– nebenordnende	verknüpft aneinandergereihte Hauptsätze.	und, oder, aber, sondern, denn Sie lief, denn es regnete heftig.
– unterordnende	ordnet den Nebensatz einem Hauptsatz oder einem anderen Nebensatz unter.	dass, weil, ob, als, wenn, nachdem, obwohl Sie lief, weil es heftig regnete.

| Bezeichnung | Leistung | Beispiel |

Formenwelt des Verbs

Die vier Gefüge¹ des Verbs (Überblick)

12

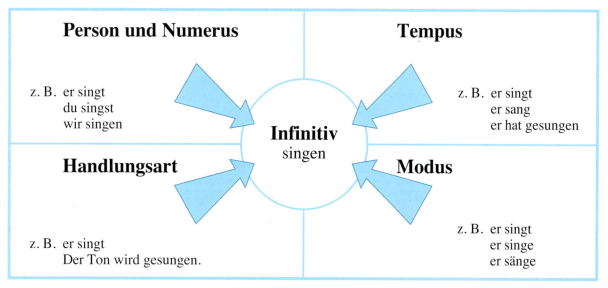

¹⁾ Manche sagen statt „Gefüge": „Teilsysteme" oder „Untersysteme".

Die Personalformen und die infiniten Formen

13 **Die Personalformen** (auch **finite Formen** genannt) **Das Gefüge der Personen und Numeri** Statt Personalform sagen manche auch Verbum finitum.	*finit* wörtlich = ‚bestimmt' nach Person und Zahl (Numerus) Personalformen haben eine von der grammatischen Person abhängige Endung.	

Person	Numerus	
	Singular	Plural
1.	ich ruf*e*	wir ruf*en*
2.	du ruf*st*	ihr ruf*t*
3.	er, sie, es ruf*t*	sie ruf*en*

14 **Die infiniten Verbformen**	*infinit* wörtl. = ‚unbestimmt', nicht bestimmt nach Person und Zahl	
– Der Infinitiv	Grundform, Nennform	spiel*en*, ruf*en*, reiz*en*

11

Bezeichnung	Leistung	Beispiel

– **Das Partizip I**
(Plural: *die Partizipien*)
(auch genannt: Partizip Präsens)

die *end*-Form

spiel*end*, ruf*end*, reiz*end*

Das Partizip I kann auch als Adjektiv verwendet werden.

Sie hat im Schaufenster ein *reizendes* Kleid gesehen.

– **Das Partizip II**
(auch genannt: Partizip Perfekt)

dient zur Bildung der zusammengesetzten Verbformen.

gespiel*t*, gerufen, gereizt
Der Besucher *hat* den Löwen *gereizt*.
Der Löwe *wurde gereizt*.

ge		reiz		t	
ge	+	**Stamm**	+	**t**	gespielt
			oder: +	**en**	gerufen

Das Partizip II kann auch als Adjektiv verwendet werden.

Ich wunderte mich über den *gereizten* Ton.

15 Zusammengesetzte Verbformen

Personalform (finite Form)	+	infinite Form (s. Nr. 14)
Sie hat		gerufen.
Er ist		gekommen.
Er wird		helfen.

haben, sein, werden

Diese Verben werden
• teils als **Hilfsverben** zur Bildung der zusammengesetzen Formen,

Petra *hat* den Koffer *gepackt*.
Sie *ist* in den Keller *gegangen*.
Sie *wird* den Rucksack dort *finden*.
Die Tasche *wird* noch *gesucht*.

• teils als **Vollverben** verwendet.

Ute *wird* Ärztin.
Sie *hat* Lust dazu.
Er *ist* froh.

Die Tempora

16 Überblick über die Tempora
(Singular: *das Tempus*, Plural: *die Tempora*)

Präsens	ich sage
Präteritum	ich sagte
Perfekt	ich habe gesagt
Plusquamperfekt	ich hatte gesagt
Futur I	ich werde sagen
Futur II	ich werde gesagt haben

| Bezeichnung | Leistung | Beispiel |

Die Verwendung der Tempora

17

		Sprech-zeitpunkt	
Plusquamperfekt	**a) Perfekt** **b) Präteritum**	**Präsens**	**Futur**
Nachdem ich die aufregende Geschichte **vorgestern** Andrea *erzählt* **hatte**,	a) *habe* ich sie **gestern** Jens *erzählt*, b) *erzählte* ich sie **gestern** Jens,	**jetzt** *erzähle* ich sie dir	und **morgen** *werde* ich sie meinem Großvater *erzählen*.
⟨noch davor⟩	a) ⟨vollendet, vergangen⟩ b) ⟨vergangen⟩	⟨jetzt⟩	⟨später/vermutlich⟩

Das Präsens
 ⟨**jetzt**⟩

Tempus für:
– jetzt (Gegenwart)

Elena *holt* gerade den schwarzen Koffer vom Schrank.

– jetzt und immer (immer wieder)

Wir *wohnen* in Ulm. In den Sommerferien *verreisen* wir jedes Jahr; meine Großmutter *gießt* dann immer die Blumen in unserer Wohnung.

manchmal auch für:
– Zukunft
– Vergangenes (zur Vergegenwärtigung)

Morgen *fahren* wir ans Meer.
Gestern standen wir vor dem Fahrkartenschalter. Da *legt* sich plötzlich eine Hand auf meine Schulter ...

Das Präteritum
 ⟨**vergangen**⟩

Tempus für:
– Vergangenes (normales Erzähltempus)

Gestern *standen* wir in der Schlange vor dem Fahrkartenschalter.

Das Perfekt
 ⟨**vollendet und vergangen**⟩

– in der gesprochenen Sprache

– in der geschriebenen Sprache

häufig verwendet für Vergangenheit (wie das Präteritum),

Oma *hat* vorhin die Zeitung *gelesen*.
= Oma *las* vorhin die Zeitung.

oft verwendet, um auszudrücken, dass ein – in der Vergangenheit vollendeter Vorgang – die Gegenwart des Schreibenden beeinflusst (Ergebnisbetonung).

Meine Großmutter *hat angerufen*.

(und nun weiß ich Bescheid)

Perfekt ⟨vollendet, vergangen⟩	**Präsens** ⟨jetzt⟩
Weil es die ganze Nacht *geschneit hat*,	*liegt* heute eine dichte Schneedecke.
⟨in der Vergangenheit vollendet⟩	⟨Ergebnis⟩
└─ wirkt auf die Gegenwart ein ─┘	

Bezeichnung	Leistung	Beispiel
Das Plusquamperfekt ⟨noch davor⟩ *Plusquamperfekt* bedeutet wörtlich: ‚mehr als Perfekt'.	zum Ausdruck der „Vorvergangenheit" (d. h. zeitlich früher als Perfekt oder Präteritum)	Nachdem es tagelang *geregnet hatte*, *standen* Pfützen auf den Straßen.
Das Futur (I) ⟨später/vermutlich⟩	– zum Ausdruck der Zukunft (besonders bei Versprechungen, Beteuerungen, Drohungen) **(Futur der Zukunft)**	Das *wirst* du mir *büßen*!
	– wenn der Sprecher ausdrücken will, dass er nicht genau weiß, ob ein Geschehen stattfindet **(Futur der Vermutung)**	Ronja *wird* sich jetzt gerade ein Eis *kaufen*.
Beachte:	Zum **Ausdruck der Zukunft** verwendet man jedoch meistens **Präsens + Zeitangabe**.	Wir *besuchen morgen* Tante Jennifer.
Das Futur II vermutlich, mit Blick auf Vergangenes	wenn der Sprecher ausdrücken will, dass er nicht genau weiß, ob ein Geschehen stattgefunden hat	Max *wird* Paul *wohl angerufen haben*.

Die Bildungsweise der Tempora

18	**Starke und schwache Verben**	bilden das Präteritum auf verschiedene Weise:	
	„starke" Verben (unregelmäßige Verben)	beim Präteritum **Wechsel des Vokals** im Wortstamm	ich l*au*fe – ich l*ief* er g*i*bt – er g*ab* – (Partizip: geg*e*ben)
	„schwache" Verben (regelmäßige Verben)	Merkmal für das Präteritum: **eingeschobenes t** bzw. **eingeschobenes et**	ich kaufe – ich kauf*te* ich arbeite – ich arbei*tete*
	Bei den starken Verben unterscheidet man **3 Stammformen**.	Präsens – Präteritum – Partizip II	springe – sprang – gesprungen

Bezeichnung	Leistung	Beispiel
Perfekt	**Bildung** durch die **Personalform von „haben"** + **Partizip II;**	Bei Anne *hat* sich wegen des Windes das Haarband *gelöst*. Ihr *habt* es nicht *gemerkt*.
	bei einigen Verben (vor allem Verben der Bewegung, z. B. **gehen, laufen, rennen**) und bei den Verben **sein** und **werden**: Bildung durch die **Personalform von „sein"** + **Partizip II**	Ich *bin gerannt*. Vater *ist* sofort *gekommen*. Thomas *ist* krank *gewesen*.
Plusquamperfekt	durch die **Vergangenheitspersonalform von „haben"** bzw. **„sein"** + **Partizip II**	Sie *hatte* den Knoten nicht fest genug *gebunden*. Ich *war gerannt*.
Futur (I)	durch die **Personalform von „werden"** + **Infinitiv**	Vater *wird* Anne übermorgen *anrufen*.
Futur II (kommt nur selten vor)	durch die **Personalform von „werden"** + **Partizip II** + **„haben"** oder **„sein"**	Petra *wird* das schon morgen Abend *geregelt haben*. Ali *wird* wohl zu weit *gefahren sein*.

Die Handlungsarten

19	**Das Aktiv** („Tatform") **Das Passiv** („Leideform")	Die Mutter → sucht → Kemal. Kemal ← wird ← von seiner Mutter ← gesucht.		
20	**Die Verwendung des Passivs**	Im Passiv wird • der Betroffene, • die behandelte Sache hervorgehoben und nicht der Handelnde (der Täter).	Gabi *wurde* von Dagmar *gereizt*. Buntwäsche *wird* nur bis 60° *erhitzt*.	
		• Man kann den Handelnden unerwähnt lassen oder verschweigen.	Gabi *wurde gereizt*. (von wem?) In der Pause *wurde* mit gefrorenen Schneebällen *geworfen*.	
		• Man kann auch statt des Handelnden oder des Betroffenen das Geschehen (die Handlung) betonen.	Während der Aufführung *wurde gelacht*. [Die Handlung ist das Lachen.] Danach *wurde geklatscht*.	

15

Bezeichnung	Leistung	Beispiel
21 Die Bildungsweise des Passivs	im Präsens und Präteritum **Personalform von „werden" + Partizip II**	Er *wird gesucht*. Prät.: *wurde*
	im Perfekt und Plusquamperfekt **Personalform von „sein" + Partizip II + „worden"**	Er *ist gesucht worden*. Plusq.: *war*
Nicht verwechseln:	**Aktiv – Futur:** Personalform von „werden" + **Infinitiv**	Er *wird* übermorgen *anrufen*.
	und	
	Passiv – Präsens: Personalform von „werden" + **Partizip II**	Sie *wird* jetzt *angerufen*.

Überblick über die Formen von Aktiv und Passiv

Tempus	Aktiv	Passiv
Präsens	ich suche sie sucht	ich werde gesucht sie wird gesucht
Präteritum	ich suchte sie suchte	ich wurde gesucht sie wurde gesucht
Perfekt	ich habe gesucht sie hat gesucht	ich bin gesucht worden sie ist gesucht worden
Plusquamperfekt	ich hatte gesucht sie hatte gesucht	ich war gesucht worden sie war gesucht worden
Futur	ich werde suchen sie wird suchen	ich werde gesucht werden sie wird gesucht werden

Daneben gibt es als besondere Form das **Zustandspassiv**.
        Aktiv: Der Doktor *zieht* den Zahn.
        Passiv (Handlungspassiv):   Der Zahn *wird gezogen*.
        Zustandspassiv: Der Zahn *ist gezogen*.

Das Zustandspassiv kommt fast nur vor als
        Präsens   ich bin gefesselt
        Präteritum   ich war gefesselt

Bezeichnung   Leistung   Beispiel

Die Modi

22 Überblick über die Modi
(Singular: *der Modus*, Plural: *die Modi*)

Bezeichnung	Leistung	Beispiel
Der Indikativ	Wirklichkeitsform	sie redet, sie hat geredet usw.
Die Konjunktive	Wiedergabeform und Möglichkeitsform	
Konjunktiv I	⟨nur berichtet⟩ („ohne Gewähr", nicht gesichert) Wiedergabeform	Hanna sagte, Yannick *sei* mit dem Tausch zufrieden. Er *habe* Grund zur Freude. Ich glaubte, Karl *sei* krank.
Konjunktiv II	⟨nur gedacht, aber nicht wirklich⟩ Möglichkeitsform	Seine Mutter *wäre* unglücklich, wenn sie es *erführe*. Wenn Laura es *bemerkt hätte*, *wäre* sie nicht ins tiefe Wasser *gegangen*.
Der Imperativ	Befehlsform; wird nur im Präsens gebildet, und zwar als	
	2. Pers. Sing.	bringe, arbeite, schreib, gib, nimm!
	und 2. Pers. Plur.	bringt, arbeitet, schreibt, gebt, nehmt!

Tempusformen der Konjunktive

Tempus	zum Vergleich: Indikativ	Konjunktiv I	Konjunktiv II	Umschreibung des Konj. II (vorwiegend mündlicher Sprachgebrauch)
Präsens	es liegt	es liege	es läge	es würde liegen
Perfekt	es hat gelegen	es habe gelegen	es hätte gelegen	es würde gelegen haben
Futur	es wird liegen	es werde liegen	es würde liegen	—

Bezeichnung	Leistung	Beispiel

Die Verwendung der Konjunktive

23 Der Konjunktiv I

Modus der indirekten Rede — sie trinke, er möge

	direkte Rede	→	indirekte Rede
Patrick sagte	: „Ute trinkt Milch."	→	, Ute *trinke* Milch.
Patrick sagte	: „Ich mag lieber Saft."	→	, er *möge* lieber Saft.

Keine Stellungnahme zum Inhalt der Rede

Der Sprecher oder die Sprecherin verbürgt sich für die richtige Wiedergabe der Rede, aber nicht für die Wahrheit ihres Inhalts.

(Patrick hat es wirklich gesagt.)

(Es bleibt offen, ob der Inhalt von Patricks Rede zutreffend war, d. h. ob Ute wirklich Milch trank.)

Konjunktiv I außerhalb indirekter Reden

Der Sprecher oder die Sprecherin hält zu dem, was er oder sie sagt, **Abstand**.

Ich hatte gedacht, Kirschsaft *sei* sauer. (Ist Kirschsaft nach seiner heutigen Meinung wirklich sauer? Das bleibt offen.)

24 Tempusfolge in der indirekten Rede

übergeordneter Satz (= Einleitungssatz, Begleitsatz)

Laura sagt, (sagte, hat gesagt, hatte gesagt, wird sagen)

Wiedergabesatz (Nebensatz)

- **vorher** (Vorzeitigkeit zu Lauras Sprechzeitpunkt) → es habe dort gelegen. **Konjunktiv I   Perfekt**
- **gleichzeitig** (Gleichzeitigkeit zu Lauras Sprechzeitpunkt) → es liege dort. **Konjunktiv I   Präsens**
- **nachher, später** (Nachzeitigkeit zu Lauras Sprechzeitpunkt) → es werde dort liegen. **Konjunktiv I   Futur**

Das **Tempus des Nebensatzes** ist **unabhängig** von dem Tempus, in dem der übergeordnete Satz steht.

Bezeichnung	Leistung	Beispiel

25 Der Konjunktiv II

Will man ausdrücken, dass ein Geschehen **nur gedacht, nur angenommen** (nicht wirklich) ist,

so wählt man
– für ein solches Geschehen in der **Gegenwart (und Zukunft)**

den **Konjunktiv II des Präsens.**

Wenn er richtig *hinsähe*, dann *fiele* ihm die CD-Hülle sicherlich *auf*.

– für ein solches Geschehen in der **Vergangenheit**

den **Konjunktiv II des Perfekts.**

Wenn er richtig *hingesehen hätte*, dann *wäre* ihm die CD-Hülle sicherlich *aufgefallen*.

Mündlicher Sprachgebrauch:

Hier wird häufig die Umschreibung mit „würde" benutzt.

Wenn er richtig hinsehen *würde*, dann *würde* ihm die CD-Hülle *auffallen*.

Weitere Verwendungsweisen:
Der Konjunktiv II wird auch außerhalb von Wenn-dann-Gefügen verwendet:
– im **irrealen Aussagesatz**,

Nichtwirkliches

Saskia *hätte* das anders *gemacht*. (Aber sie ist nicht hier.)
Frank *würde* das anders *machen*. (Aber er ist nicht hier.)

– beim **irrealen Wunsch**,

Nichtwirkliches

Wenn doch bloß schon Mittwoch *wäre*! (Aber es ist erst Montag.)
Ina wünscht sich, dass ihre Freundin schon da *wäre*. (Aber sie ist noch verreist.)

– beim **höflichen Wunsch**,

Noch-nicht-Wirkliches

Ich *hätte* gerne ein Glas Milch.

– bei der **höflichen Aussage**,

Ich *würde* Ihnen dieses *empfehlen*.

– bei der **höflichen Frage**,

Hättest du Lust dazu?
Würdest du mir bitte die Butter *herübergeben*?

– bei der **zweifelnden Frage**.

Hätte er so etwas tatsächlich *tun können*?

| Bezeichnung | Leistung | Beispiel |

26 Die Formen des Konjunktivs I

Ersatzformen für den Konjunktiv I:

In manchen Personalformen lautet der Konjunktiv I mit dem Indikativ Präsens gleich; er wäre deshalb nicht zu unterscheiden. In diesen Fällen verwendet man als Ersatzform den **Konjunktiv II anstelle des Konjunktivs I.**

Zwar:
Sie behauptet, er *komme* zu spät. (Konj. I)
Sie behauptet, das Geschenk *liege* darunter. (Konj. I)

Aber:
Sie behauptet, wir *kämen* zu spät. (Konj. II als Ersatzform)
(statt: Sie behauptet, wir *kommen* zu spät.)
Sie behauptet, die Geschenke *lägen* darunter. (Konj. II als Ersatzform)
(statt: Sie behauptet, die Geschenke *liegen* darunter.)

Formentabelle des Konjunktivs I
Die Ersatzformen sind schräg gedruckt.

Tempus	Numerus	Person	geben	laufen	sein
Präsens	Singular	1. 2. 3.	ich *gäbe* du gebest er gebe	ich *liefe* du laufest er laufe	ich sei du seiest er sei
	Plural	1. 2. 3.	wir *gäben* ihr gebet sie *gäben*	wir *liefen* ihr laufet sie *liefen*	wir seien ihr seiet sie seien
Perfekt	Singular	1. 2. 3.	ich *hätte* gegeben du habest gegeben er habe gegeben	ich sei gelaufen du seiest gelaufen er sei gelaufen	ich sei gewesen du seiest gewesen er sei gewesen
	Plural	1. 2. 3.	wir *hätten* gegeben ihr habet gegeben sie *hätten* gegeben	wir seien gelaufen ihr seiet gelaufen sie seien gelaufen	wir seien gewesen ihr seiet gewesen sie seien gewesen
Futur	Singular	1. 2. 3.	ich *würde* geben du werdest geben er werde geben	ich *würde* laufen du werdest laufen er werde laufen	ich *würde* sein du werdest sein er werde sein
	Plural	1. 2. 3.	wir *würden* geben ihr *würdet* geben sie *würden* geben	wir *würden* laufen ihr *würdet* laufen sie *würden* laufen	wir *würden* sein ihr *würdet* sein sie *würden* sein

Bezeichnung	Leistung	Beispiel

27 Die Formen des Konjunktivs II

Ersatzformen für den Konjunktiv II:

In manchen Personalformen lautet der Konj. II gleich mit dem Indikativ Präteritum; er wäre daher zu verwechseln. In diesen Fällen verwendet man als Ersatzform die **Umschreibungsform** anstelle des Konjunktivs II.

> Schwache Verben (vgl. Nr. 18) bilden keine unterscheidbaren Formen für den Konj. II und nicht alle starken Verben bilden für **alle** grammatischen Personen unterscheidbare Formen:
>
> Die Kinder *spielten* heute gern.
> (Taten sie es oder würden sie es gerne tun [z. B. wenn der Regen aufhörte]?)
> **also:** Die Kinder *würden* heute gerne *spielen*.
>
> Petra und Simone *liefen* um die Wette.
> (Taten sie es oder würden sie es tun [z. B. wenn es darauf ankäme]?)
> **also:** Petra und Simone *würden* um die Wette *laufen*.

Formentabelle des Konjunktivs II
Die Umschreibungsformen sind schräg gedruckt.

Tempus	Numerus	Person	geben	laufen	sein
Präsens	Singular	1. 2. 3.	ich gäbe du gäbest er gäbe	ich liefe du liefest er liefe	ich wäre du wärest er wäre
	Plural	1. 2. 3.	wir gäben ihr gäbet sie gäben	wir *würden laufen* ihr liefet sie *würden laufen*	wir wären ihr wäret sie wären
Perfekt	Singular	1. 2. 3.	ich hätte gegeben du hättest gegeben er hätte gegeben	ich wäre gelaufen du wärest gelaufen er wäre gelaufen	ich wäre gewesen du wärest gewesen er wäre gewesen
	Plural	1. 2. 3.	wir hätten gegeben ihr hättet gegeben sie hätten gegeben	wir wären gelaufen ihr wäret gelaufen sie wären gelaufen	wir wären gewesen ihr wäret gewesen sie wären gewesen
Futur	Singular	1. 2. 3.	ich würde geben du würdest geben er würde geben	ich würde laufen du würdest laufen er würde laufen	ich würde sein du würdest sein er würde sein
	Plural	1. 2. 3.	wir würden geben ihr würdet geben sie würden geben	wir würden laufen ihr würdet laufen sie würden laufen	wir würden sein ihr würdet sein sie würden sein

| Bezeichnung | Leistung | Beispiel |

Satzglieder und Satzgliedteile

28 Was ist ein Satzglied? Wörter und Wortgruppen, die sich bei einer **Umstellprobe** verschieben lassen, sind ein Satzglied.

Ein Satzglied kann *aus mehreren Wörtern* bestehen, z. B.: *ein bunter Ball*.

Hilfe für das Erkennen der Satzglieder: **die Umstellprobe:**

Mein Großvater	schenkt	meinem kleinen Bruder	einen bunten Ball.
Einen bunten Ball	schenkt	mein Großvater	meinem kleinen Bruder.
Meinem kleinen Bruder	schenkt	mein Großvater	einen bunten Ball.

29 Die häufigsten Satzglieder

wer?	tut	wem?	was? (wen?)
Mein Großvater *er*	schenkt	meinem kleinen Bruder *ihm*	einen bunten Ball *ihn*
Subjekt	**Prädikat**	**Dativobjekt**	**Akkusativobjekt**

Subjekt	Substantiv (Nomen) oder Pronomen	mein Großvater = **er**
Prädikat	Verb	schenkt
Objekte	Substantiv (Nomen) oder Pronomen	
Dativobjekt		meinem kleinen Bruder = **ihm**
Akkusativobjekt		einen bunten Ball = **ihn**
Genitivobjekt	(äußerst selten, nur bei wenigen Verben Frage: wessen? + Verb)	z. B. bedürfen, sich bemächtigen, ermangeln, gedenken, sich rühmen. Er gedachte *seines verstorbenen Freundes*.
Mehrgliedriges Prädikat		
1) Verbaufspaltung im Satz (vgl. Nr. 2)	In den Personalformen wird der Verbzusatz vom Grundwort getrennt	anrufen → Großmutter *rief* bei uns *an*. anrufen ist eine unfeste Zusammensetzung.
2) Personalform + infinite Form(en) (vgl. Nr. 15)	Personalform hier: *hat, sind, konnte*	Großmutter *hat* bei uns *angerufen*. Wir *sind* von Großmutter *angerufen worden*. Klaus *konnte* sie nicht *verstehen*.

Bezeichnung	Leistung	Beispiel
30 Das Adverbiale (Plural: *die Adverbialien*)	Umstandsbestimmung	
Verwendung	Das Adverbiale besagt, – unter welchen Umständen (vor allem Zeit, Ort, Grund, vgl. unten) oder – in welcher Art und Weise das Geschehen vor sich geht.	*Gestern* kam die Sendung an. Das Paket lag *auf dem Tisch*. Gianna fing *vor Freude* an zu hüpfen. *Aufgeregt* riefen ihre Freundinnen an. Er spülte den Teller *sorgfältig* ab.
Erscheinungsformen	Substantiv (Nomen) + Präposition Adverb Adjektiv	vor Freude, auf dem Tisch gestern aufgeregt, sorgfältig (vgl. Notiz auf S. 31)
Als Umstände und Arten lassen sich im Einzelnen unterscheiden:		
– Zeit (Temporaladverbiale)	wann? wie lange? usw.	*gestern* (s. oben)
– Ort (Lokal-)	wo? bei wem? usw.	*auf dem Tisch* (s. oben)
– Richtung (Direktiv-)	wohin? woher?	Sie sah *nach vorne*.
– Grund (Kausal-)	warum? weshalb? usw.	*vor Freude* (s. oben)
– Mittel (Instrumental-)	womit? wodurch?	Sie öffnete das Paket *mit einem Messer*.
– Zweck (Final-)	wozu? zu welchem Zweck?	Wir fuhren *zur Erholung* an die See.
– Bedingung (Konditional-)	unter welcher Bedingung oder Voraussetzung?	*Bei Sonnenschein* liegen wir am Strand.
– Folge (Konsekutiv-)	mit welcher Wirkung?	Die Tür quietscht *zum Davonlaufen*.
– Einräumung (wirkungsloser Gegengrund) (Konzessiv-)	trotz wessen?	*Trotz des Regens* gingen wir nach draußen. Es regnete; *trotzdem* gingen wir nach draußen.
– Verneinung (Negations-)	ja oder nein?	Wir gingen *nicht* nach draußen.
– Ausmaß, Grad (Grad-)	wie sehr, wie viel?	Ich freute mich darüber *sehr*.
– Art und Weise (Modal-)	wie? auf welche Weise? mit wem? womit? ohne wen (was)?	*aufgeregt, sorgfältig* (s. oben)

Bezeichnung	Leistung	Beispiel
31 Das präpositionale Objekt Wörter und Wortgruppen von der gleichen Erscheinungsform wie die Adverbialien mit Präposition; sie lassen sich aber nicht als Aussagen zu Zeit, Raum, Grund, Art usw. verstehen.		Du kannst dich gewiss noch *an den Englischlehrer* erinnern. Man kann ruhig *darüber* sprechen. Uta wartet *auf sie*.
32 Das Prädikatsnomen (Das Prädikativ)	(Manche bevorzugen die Bezeichnung **Prädikativ**, weil dieses Satzglied nicht immer ein Substantiv (Nomen) ist.)	
Verwendung Erscheinungsformen	Gleichsetzungsnominativ, – Substantiv (Nomen) im Nominativ – Adjektiv kommt nur im Zusammenhang mit wenigen Verben vor: vor allem: *sein, bleiben, werden, heißen*	Jenö war *mein Freund*. Mein Bruder wird *Bäcker*. Stefanie ist *freundlich*. Ihre Mutter **ist** *Apothekerin*. Theo **bleibt** *ruhig*.
sehr selten:	Gleichsetzungsakkusativ	Die Kinder nannten ihren Vater *den Zauberer*.
33 Das Attribut	**Satzgliedteil:** Attribute sind keine eigenen Satzglieder, sondern Teile von Satzgliedern.	Der *aufmerksame* Junge *aus Münster* hatte sich die Farbe *des Wagens* gemerkt. Die Leute waren *sehr* böse auf Till.
Verwendung	Durch Attribute kann der Bedeutungsinhalt von Wörtern innerhalb eines Satzgliedes – eindeutiger bestimmt oder – erweitert werden.	der Junge *aus Münster* die Farbe *des Wagens* der *aufmerksame* Junge
Erscheinungsformen	Als Attribute kommen vor allem sechs Arten von Ausdrücken vor: – Substantiv (Nomen) im Genitiv – Adjektiv – Adverb	Der Hut *des Mädchens* war gelb. Der *hinterhältige* Gangster lugte um die Ecke. Das Haus *drüben* ist sehr groß.

Bezeichnung	Leistung	Beispiel
	– Präpositionalausdruck – nachgestelltes Substantiv (Nomen) im gleichen Fall (nachgestellte Apposition) – Substantiv (Nomen) (oder substantiviertes Wort) im gleichen Fall mit *als*	Das Mädchen *mit dem Hut* pfiff laut. Er vermachte dem Kundschafter Teddy Triefauge, *seinem einzigen Freund*, den schweren Colt. Claudia, *als Erste* im Ziel, riss vor Freude die Arme hoch.
	Alle Attribute (außer dem Adverb) sind **kasusbestimmt**.	der Hut *des Mädchens*: Genitiv
Hilfe zur Unterscheidung des Attributs vom Adverbiale	Bei der Umstellprobe bewegt sich das **Attribut** zusammen mit dem Wort, dessen Bedeutungsinhalt es näher bestimmt bzw. erweitert.	Das Mädchen *mit dem Hut* / schrieb / heimlich / die Autonummer / auf. Heimlich / schrieb / das Mädchen *mit dem Hut* / die Autonummer / auf.
Erweiterung zum Attribut (Attribut zum Attribut)	Ein Attribut kann seinerseits erweitert sein. Man sollte solche Erweiterungen zu den Attributen rechnen.	ein *sehr* fröhliches Mädchen, die *hell* strahlende Sonne, die *leuchtend* grüne Farbe
	Das gilt auch für **objektartige Ergänzungen,** die von einem Partizip (vgl. Nr. 14) abhängen.	ein *Kies* transportierender Lastwagen, ein *Fleisch* fressender Hund, die *Rad* fahrenden Kinder [wenn getrennt geschrieben, vgl. Nr. 117]
vorangestellte Appositionen	(Als „vorangestellte Appositionen" werden gelegentlich Substantive [Nomen] wie die rechts hervorgehobenen bezeichnet. Man sollte sie jedoch **nicht** als Attribut auffassen, sondern als Teil des Subjekts bzw. Objekts, ebenso nachgestellte Adjektive oder nachgestellte Zahlwörter.)	*Kaiser* Karl, *Bürgermeister* Reuter, *Professor* Mayer, *Bäcker* Bube, *Tante* Lotte Otto *der Große* (großgeschrieben, weil Teil des Namens) Karl *der Fünfte* (großgeschrieben, weil Teil des Namens)
Possessiv- und Demonstrativpronomen	Possessivpronomen und Demonstrativpronomen werden **nicht** als Attribute aufgefasst, **sondern** als enge **Begleiter** zum Substantiv (Nomen) angesehen.	*Mein* Geschenk liegt auf dem Tisch. Über *diese* CD freue ich mich besonders.
34 **Hilfe für das Bestimmen der Satzglieder**	Frage immer mit der **Kasusfrage + Verb,** andernfalls geraten Objekt und Attribute durcheinander.	Carlo hielt die Schnur des Drachens. nicht fragen: Wen oder was? sondern: Wen oder was *hielt* Carlo?

| Bezeichnung | Leistung | Beispiel |

Syntax

Hauptsatz und Nebensatz

35

Till merkte sofort,	dass	der Meister jetzt das Haus	verließ.
Hauptsatz	Nebensatz		
	Konjunktion *oder* Relativpronomen *oder* Adverb		Personalform des Verbs (finite Verbform)

vgl. Nr. 40

Im Nebensatz steht die Personalform des Verbs fast immer am Satzende.

Unter **Gliedsätzen** werden heutzutage zumeist nur solche Nebensätze verstanden, welche die Rolle eines Satzgliedes ausfüllen (d. h. Adverbiale, Subjekt, Objekt, nicht: Attribut).

Der Hauptsatz

36 Die Arten des Hauptsatzes (die Satzarten)

Aussagesatz

Mein Großvater schenkt meiner Schwester ein neues Fahrrad.

Fragesätze:
  Auskunftsfrage
  Entscheidungsfrage

Wann kommen deine Geburtstagsgäste?
Kommt Großvater am Nachmittag?

Aufforderungssatz

Gib bitte meiner Schwester den Becher!

37 Zweitstellung der Personalform

Im Aussagesatz ist die **Personalform des Verbs** normalerweise das **2. Satzglied.** Dies ist ein typisches Kennzeichen der deutschen Sprache.

1. Satzglied	Personalform des Verbs	beliebig viele weitere Satzglieder
Till	/ ärgerte	/ in jeder Stadt / einen Handwerksmeister / durch ein absichtliches Missverständnis.

Konjunktionen treten **ungezählt** vor das 1. Satzglied: *Aber* Till / ärgerte / in jeder Stadt ...

Bezeichnung	Leistung	Beispiel

38 Klammerbau im Hauptsatz

a) **Personalform und Verbzusatz klammern** die weiteren Satzglieder (außer dem 1. Satzglied) **ein.**

1. Satzglied	Personalform des Verbs	beliebig viele weitere Satzglieder	Verb-zusatz
Till	/ **rief**	/ den Bürgern / von seinem Seil herunter / Spottworte	/ **zu.**

b) **Personalform und infinite Form des Verbs klammern** die weiteren Satzglieder **ein.**

1. Satzglied	Personalform des Verbs	beliebig viele weitere Satzglieder	infinite Verbform
Till	/ **hat**	/ den Bürgern / von seinem Seil herunter / Spottworte	/ **zugerufen.**
Die Leute	/ **haben**	/ danach / voller Verzweiflung / ihre Schuhe	/ **gesucht.**

39 Satzreihe: Hauptsatz und Hauptsatz

Die Bürger schimpften auf Till,	denn sie waren sehr ärgerlich auf ihn.
Hauptsatz	Hauptsatz

Der 2. Hauptsatz kann mit einer Konjunktion beginnen, aber auch ohne.
(Vgl. Nr. 161.)

Das Auto fuhr vorbei(,) (Vgl. Nr. 169)	und Katharina sah genau hin.
Katharina wusste die Autonummer,	denn sie hatte gut aufgepasst.
Die Bürger schimpften auf Till,	sie waren ärgerlich auf ihn.

| Bezeichnung | Leistung | Beispiel |

Der Nebensatz

40 **Satzgefüge: Hauptsatz und Nebensatz**

Im Nebensatz steht die Personalform des Verbs fast immer am Satzende.

Hilfe zur Unterscheidung:

Hauptsatz
Im **Hauptsatz** steht die **Personalform** des Verbs **an zweiter Stelle:**

Nebensatz
Im **Nebensatz** steht die **Personalform** des Verbs **am Satzende,** als hintere Satzklammer:

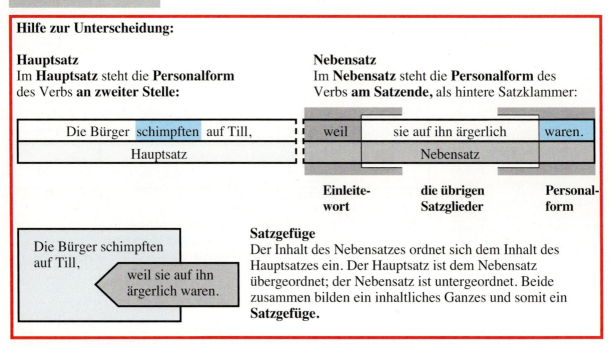

Die Bürger schimpften auf Till,	weil	sie auf ihn ärgerlich	waren.
Hauptsatz		Nebensatz	
	Einleitewort	die übrigen Satzglieder	Personalform

Satzgefüge
Der Inhalt des Nebensatzes ordnet sich dem Inhalt des Hauptsatzes ein. Der Hauptsatz ist dem Nebensatz übergeordnet; der Nebensatz ist untergeordnet. Beide zusammen bilden ein inhaltliches Ganzes und somit ein **Satzgefüge.**

Die Bürger schimpften auf Till, weil sie auf ihn ärgerlich waren.

41 **Klammerbau im Nebensatz**

Normalerweise werden im Nebensatz durch **Einleitewort** und **Personalform des Verbs** die übrigen Satzglieder **eingeklammert.**

vordere Nebensatzklammer

Einleitewörter:

unterordnende Konjunktionen	dass, weil, als, nachdem, wenn, obwohl usw.
Relativpronomen	der, die, das; welcher; wer, was
Adverbien (Relativadverbien, Frageadverbien)	woher, wo, wann, wie, weshalb usw.

hintere Nebensatzklammer

Personalform des Verbs

dass er das Haus *verließ*
weil sie gut aufgepasst *hatte*

Bezeichnung	Leistung	Beispiel
42 Einteilung der Nebensätze		
a) nach der Form		
Konjunktionalsatz	eingeleitet mit Konjunktion	*weil* wir verreisen
Relativsatz	eingeleitet mit – Relativpronomen – Präposition + Relativpronomen – Relativadverb	(der Ball), *den* wir mitnehmen (der Zug), *mit dem* wir fahren müssen *wohin* wir fahren wollten
(satzwertige) Infinitivgruppe (wird satzwertig genannt, weil sie wie ein Nebensatz im Satzgefüge steht)	satzwertige Wortgruppe mit Infinitiv + „zu": – erweiterter Infinitiv mit „zu" – Infinitiv mit „um zu", „ohne zu", „(an)statt zu", „als zu", „außer zu"	(lässt sich in einen Nebensatz umwandeln; z.B. → dass sie … kaufen wollte) Sie beschloss, *erst auf der Insel einen Ball zu kaufen*. (Vgl. Nr. 159) *um zu fragen* (vgl. Nr. 158)
(satzwertige) Partizipgruppe (wird satzwertig genannt, weil sie wie ein Nebensatz im Satzgefüge steht)	satzwertiges Partizip: – erweitertes Partizip I – erweitertes Partizip II	(lässt sich in einen Nebensatz umwandeln) *vor Freude hüpfend* (vgl. Nr. 160) *Vom Schwimmen ganz erschöpft* (,) torkelten wir aus der Halle. (vgl. Nr. 160)
Nebensatz ohne Einleitewort (vgl. Nr. 43)	meist in indirekter Rede	(Er glaubte), der Zug *habe* direkten Anschluss.
indirekter Fragesatz (vgl. Nr. 43)	lässt sich in einen direkten Fragesatz umwandeln: Kommst du schon morgen?	(Sie fragte,) *ob* er schon morgen *komme*.
b) nach der inhaltlichen Bedeutung		
1. Gliedsätze		
• Adverbialsätze	Nebensätze in der Rolle eines Adverbiale	Sie hüpfte, *weil sie sich freute*. (= Sie hüpfte *vor Freude*.)
Erscheinungsform:	Nebensatz, meist mit Konjunktion als Einleitewort	*weil* sie sich freute
Art des Adverbialsatzes: temporal konditional kausal final konsekutiv konzessiv modal	macht eine Angabe über: Zeit Bedingung, Voraussetzung Grund, Ursache Zweck, Absicht Folge, Wirkung Einräumung, Zugeständnis Art und Weise	*als* sie es merkten *wenn (falls)* sie es merken *weil* es eine Überraschung war *damit* sie sich freuen *sodass* (auch: *so dass*) sie lachen mussten *obwohl* er es versteckt hatte *indem* (oder *dadurch, dass*) er das Paket unter den Tisch stellte

Bezeichnung	Leistung	Beispiel
adversativ	Gegensatz	(Er suchte), *während* sie scharf beobachtete.
lokal	Ort	*Wo* vorhin das Packpapier lag, fand sie jetzt ein Schlüsselchen.
komparativ	Vergleichssatz	Er verhält sich so, *wie* es auch sein Bruder in dieser Lage getan hat.
• **Objektsätze**	Nebensätze in der Rolle eines Objekts, meist Akkusativobjekts	Er bedauerte, *dass er sich geirrt hatte*. (= Er bedauerte *seinen Irrtum*.)
• **Subjektsätze**	Nebensätze in der Rolle eines Subjekts	*Dass du mir schreiben willst*, freut mich besonders. (= *Deine Absicht* freut mich besonders.) *Wer müde ist*, muss früh ins Bett. (= *Der Ermüdete* muss früh ins Bett.)
2. Attributsätze	Nebensätze in der Rolle eines Attributs	(... das Geschenk,) *das* wir versteckt hatten
Erscheinungsform:	Nebensatz, meist mit Relativpronomen als Einleitewort (vgl. Nr. 42 a))	der, die, das; welcher; wer, was (vgl. Nr. 7 d))
c) nach der Stellung		
Vordersatz	– vor	*Weil Katharina genau hingesehen hatte*, wusste sie die Autonummer.
Zwischensatz	– in	Katharina wusste, *weil sie genau hingesehen hatte*, die Autonummer.
Nachsatz	– nach	Katharina wusste die Autonummer, *weil sie genau hingesehen hatte*.
	dem übergeordneten Satz	

43 Nebensätze mit besonderem Bauplan

normaler Bauplan:
s. Nr. 40 und 41

indirekte Rede
(vgl. Nr. 42 a))

Till behauptete, er sei ein Bäckergeselle.
  (Begleitsatz)   (Wiedergabesatz)

Die Personalform des Verbs ist ein Konjunktiv I und steht als 2. Satzglied; der Nebensatz hat kein Einleitewort.

indirekter Fragesatz
(vgl. Nr. 42 a))

Till fragte, *was er tun solle*.
Danach fragte er, *ob er jetzt anfangen solle*.
Einleiteworte: Fragepronomen, Frageadverb, Konjunktion *(ob)*
Indirekte Fragesätze lassen sich **in direkte Fragen umwandeln:**
→ Was soll ich tun?   (Auskunftsfrage)
→ Soll ich jetzt anfangen?   (Entscheidungsfrage)

Konditionalsatz ohne Einleitewort

Kommt er zurück, so ist er sicher sehr erstaunt.
Käme er zurück, so wäre er sicher sehr erstaunt.

Solche Nebensätze lassen sich umwandeln in Konditionalsätze mit Einleitewort:

→ *Wenn* er zurückkommt, ist er sicher sehr erstaunt.
→ *Wenn* er zurückkäme, wäre er sicher sehr erstaunt.

Wortarten, Satzglieder, Satzarten

44 Ein Vergleich

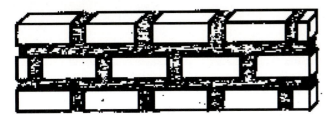

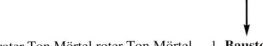

	Eine gemauerte Wand lässt sich betrachten als:	Eine sprachliche Äußerung lässt sich betrachten als:	

			Ute	ruft	ihren	Bruder
roter Ton Mörtel roter Ton Mörtel ...	1. **Baustoffe**	1. **Wörter**	Subst.	Verb	Poss. pron.	Subst.
Stein Fuge Stein Fuge ...	2. **Teile der Wand**	2. **Satz- glieder**	Subj.	Präd.	Akk.obj.	
Mauer	3. **ganze Wand**	3. **Satz**	Hauptsatz			

Notiz zum Adverb im Deutschen und in Fremdsprachen (Ergänzung zu Nr. 9)

ursprüngliche Adverbien:

        hier,   dann,   so   usw.

Auch in anderen Sprachen gibt es Adverbien dieser Art:
Englisch: here,   then,   thus
Französisch: ici,   alors,   ainsi
Latein: hic,   tum,   ita.

abgeleitete Adverbien:
In den Fremdsprachen gibt es außerdem die Möglichkeit, Adverbien durch **Ableitung** zu bilden. An ein Adjektiv wird ein **Suffix** (vgl. Nr. 94) angehängt.

                                          abgeleitetes Adverb:
Englisch: Adjektiv + ly   quick*ly*
                                            The boy ran *quickly*.
                                            ferner: clear*ly*, sure*ly*, beautiful*ly*, terrib*ly*, easi*ly*
Französisch: Adjektiv + ment   rapide*ment*
Latein: Adjektiv + iter   celer*iter*
                     (Es gibt noch weitere Suffixe.)

Im heutigen Deutsch gibt es eine solche Möglichkeit der Wortbildung **nicht.** Im Deutschen wird an den entsprechenden Stellen **ein Adjektiv in adverbiellem Gebrauch** verwendet.
Der Junge lief *schnell*.   Das Wort *schnell* ist in diesem Satz ein Adjektiv.
                              (Vgl. Nr. 6: Boris sortiert die Fotos *sorgfältig*.)

45 Beispiele

	Mein	Großvater	schenkt	meinem	kleinen	Bruder	einen	bunten	Ball.
Wortarten:	Poss. pron.	Subst.	Verb	Poss. pron.	Adjektiv	Subst.	Artikel	Adj.	Subst.
Satzglieder:	Subjekt		Prädikat	Dat.objekt / Attribut			Akk.objekt / Attribut		
Satzart:	Hauptsatz								

	Meine	Schwester	hat	für	ihre	Fahrt	nach	Münster	eine	halbe	Stunde	gebraucht,
Wortarten:	Poss. pron.	Subst.	Verb	Präp.	Poss. pron.	Subst.	Präp.	Subst.	Art.	Numerale	Subst.	Verb
Satzglieder:	Subjekt		Präd.	präpos. Objekt / Attribut					Akk.objekt / Attr.			Präd.
Satzart:	Hauptsatz											

	Als	das	Gewitter	ausbrach,
Wortarten:	Konj.	Art.	Subst.	Verb
Satzglieder:	(Einleitewort)	Subjekt		Prädikat
Satzart:	Nebensatz Adverbialsatz			

	war	sie	schon	im	Gebäude;
Wortarten:	Verb	Pers. pron.	Adverb	Präp. + Art.	Subst.
Satzglieder:	Präd.	Subj.	Adverbiale der Zeit (Temporaladv.)	Adverbiale des Ortes (Lokaladv.)	
Satzart:	Hauptsatz				

	Gabis	Bruder,
Wortarten:	Subst.	Subst.
Satzglieder:	Subjekt	
	Attr.	
Satzart:	Haupt- →	

	der	mit	der	Bahn	nach	Osnabrück	gefahren war,
Wortarten:	Rel. pron.	Präp.	Art.	Subst.	Präp.	Subst.	Verb
Satzglieder:	Subj.	Adverbiale des Mittels (Instrumentaladv.)			Adverbiale der Richtung (Direktivadv.)		Prädikat
Satzart:	Nebensatz Attributsatz						

denn	sie	hat	kräftig	in	die	Pedale	getreten.
Konjunktion	Pers. pron.	Verb	Adjektiv	Präp.	Art.	Subst.	Verb
(Satzverknüpfung)	Subj.	Präd.	Adverbiale der Art und Weise (Modaladv.)	Adverbiale der Richtung (Direktivadv.)			Präd.
Hauptsatz							

sie	blieb	daher	trocken.
Pers. pron.	Verb	Adverb	Adjektiv
Subj.	Prädikat	Adverbiale des Grundes (Kausaladv.)	Prädikativ
Hauptsatz			

suchte	eine	Telefonzelle,
Verb	Art.	Substantiv
Präd.	Akk.obj.	
← -satz		

um	nach	Hause	zu	telefonieren.
Konj.	Präp. →	Subst. →	Konj.	Verb
(Einleitewort)	Adverbiale der Richtung (Direktivadv.)		Infinitiv mit „zu" Prädikat	
	Infinitivgruppe			

Rechtschreibung

Rechtschreibhilfen

46 | **Rechtschreibhilfe I (Verlängern):**
Wenn man nicht genau weiß, wie der **Endlaut** geschrieben wird, so **verlängert** man das Wort;

bei Substantiven (Nomen):
– Plural
– oder Genitiv
– oder Dativ
– oder eine Ableitung bilden;

bei Adjektiven:
– mit einem Substantiv (Nomen) zusammenstellen
– oder steigern.

Problem		Verlängerung
b/p	Die*b*	→ die Die*b*e (Plural)
		des Die*b*es (Genitiv)
	Lum*p*	→ Lum*p*en (Plural)
	Stau*b*	→ im Stau*b*e (Präposition + Dativ)
		stau*b*ig (Ableitung)
	gel*b*	→ die gel*b*en Blüten (mit Substantiv [Nomen] zusammenstellen)
	gro*b*	→ grö*b*er (steigern)
d/t	Ra*d*	→ Rä*d*er
	Staa*t*	→ Staa*t*en
g/k	Klan*g*	→ Klän*g*e
	Schran*k*	→ Schrän*k*e
g/k/ch	Ta*g*	→ Ta*g*e
	lusti*g*	→ der lusti*g*e Einfall
	Tei*ch*	→ Tei*ch*e
	Tei*g*	→ tei*g*ig
	ähnli*ch*	→ ähnli*ch*er

47 | **Rechtschreibhilfe II (Ableiten):**
Wenn man im Zweifel über die richtige Schreibweise ist, hilft oft die Frage, von welchem **Stammwort** (manchmal auch Grundwort genannt) das Wort abgeleitet ist.

Wenn man nicht genau weiß, wie man einen Laut **im Wortinneren einer Verbform** schreiben soll, hilft oft die Schreibung des **Infinitivs** (Grundform, Nennform).

Problem	Ableitung	
ä/e	Ärmel	< Arm (Stammwort suchen)
	Hände	< Hand (Singular bilden)
äu/eu	Käufer	< Kauf (Stammwort suchen)
h	Verhöhnung	< Hohn
ff/f	öffnen	< offen
pf/f	Pförtner	< Pforte

Problem	Personalform	Infinitiv
b/p	er glau*b*t	< glau*b*en
	es pie*p*t	< pie*p*en
g/k	der Chor sin*g*t	< sin*g*en
	das Schiff sin*k*t	< sin*k*en
s/ß	sie rei*s*t	< rei*s*en
	er rei*ß*t	< rei*ß*en
h	sie ge*h*t	< ge*h*en
	getan	< tun (*ohne* h)
	sie sa*h*	< se*h*en

Wenn im Infinitiv eines Verbs als Längezeichen ein **Fugen-h** (vgl. Nr. 66) geschrieben wird, so wird das **h** auch in allen anderen Verbformen, wo dies möglich ist, verwendet. (Vgl. Nr. 67.)

Lange und kurze Vokale: Übersicht

48

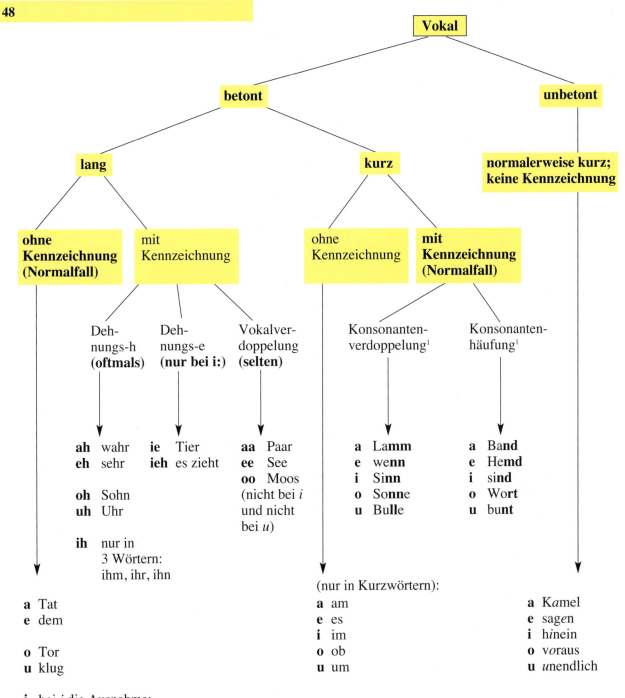

1) Für den Sonderfall Häufung + Doppelung (sie ka*nn*te, er ke*nnt*, er spi*nnt*, du so*llst*, du mu*sst*) siehe Nr. 61f.

Lange und kurze Vokale: Grundsätze

49 **1. Grundsatz:**

Die **Vokallänge** wird bei der schriftlichen Wiedergabe

– zumeist **nicht gekennzeichnet,** z.B. sagen,

– manchmal durch ein **Längezeichen** gekennzeichnet:[1]

• entweder durch ein **Dehnungs-h,** z.B. Sahne, Sehne, Sohn (vgl. Nr. 66 u. 67)

• oder ausnahmsweise durch **Verdoppelung** des Vokalbuchstabens (nur bei a, e, o), z.B. Saal, See, Boot;

• beim i-Laut häufig durch ein **Dehnungs-e,** selten auch durch **-eh,** z.B. die, Vieh. (vgl. Nr. 48.)

– Alle **Diphthonge (Zwielaute)** (vgl. Nr. 53ff.) sind ihrer Natur nach lang und werden normalerweise ohne Längezeichen geschrieben, z.B. Frau, frei, Mai; Ausnahmen in Nr. 53.

2. Grundsatz:

Die **Vokalkürze** wird bei der schriftlichen Wiedergabe **nur in betonten Silben** gekennzeichnet.

Als **Kürzezeichen** wird verwendet

– entweder die **Konsonantenverdoppelung,** z.B. Himmel, Kamm, Mutter

(Als Doppelung des Buchstabens k wird das Zeichen ck geschrieben, z.B. Sack, als Doppelung des Buchstabens z das Zeichen tz, z.B. Katze.)

(Die Zeichen ch, sch und pf werden nie verdoppelt, z.B. frisch, klopfen, kochen.)

– oder die **Konsonantenhäufung,** z.B. Gurke, Kante, Land, Ort.

---

[1] Die Verschiedenartigkeit der Längezeichen ergibt sich aus Unterschieden in der sprachgeschichtlichen Lautentwicklung der einzelnen Wörter im Laufe von Jahrhunderten.

Lange Vokale: Besonderheiten

50 Beispiele für **Buchstabenverdoppelung** bei **langen Vokalen:**

Aal, das Paar, ein paar, Saal, Saat, Staat;
Allee, Armee, Beet, Fee, Geest, Heer, Himbeere, Kaffee, leer, Meer, Meerrettich, Moschee, Reederei, See, Schnee, Speer, Teer;
Boot, Moor, Moos, Zoo

Umlaute werden nie verdoppelt:

das Härchen < das Haar, das Pärchen < das Paar, die Säle < der Saal

51	In einigen Wörtern wird der Vokal trotz Konsonantenhäufung lang gesprochen. (Ausnahme vom 2. Grundsatz, Nr. 49)	Bart Herd, Krebs, Pferd, der Wert, wert(voll) der erste, zuerst Mond
52	**Unterscheidungsschreibungen:** gleichklingende Wörter – verschiedene Schreibungen – verschiedene Bedeutungen. Wenn **Gleichklinger** unterschiedlich geschrieben werden, haben beide Schreibungen **verschiedene Bedeutungen (Wortinhalte)**.	Mal (das zweite Mal) – Mahl (Essen) malen (mit dem Pinsel) – mahlen (mit der Mühle) Name – Einnahme die Wagen (zum Fahren) – die Waagen (zum Wiegen) Wal (Tier) – Wahl er war – wahr leeren – lehren Meer – mehr seelisch (die Seele, das Innenleben betreffend) – selig (glücklich, die ewige Glückseligkeit betreffend) Lied (Gesang) – Lid (Augenlid) Miene (im Gesicht) – Mine (im Bergwerk, Kupfermine) Stiel (Stock) – Stil (Form, Art) wieder (noch einmal) – wider (gegen) widersprechen, Widerstand der Bote – die Boote Sohle (unter dem Schuh) – Sole (salzhaltiges Wasser) Uhrzeit (wie spät es ist) – Urzeit (Vorzeit); uralt Ähre (am Halm) – Ehre es ist spät – sie späht die Blüte – die Rose blühte

Diphthonge (Zwielaute): au; ei – ai; eu – äu

53	In der deutschen Rechtschreibung gibt es fünf Schreibungen für Diphthonge (Zwielaute): – **au** – **ei** und **ai** – **eu** und **äu** Alle Diphthonge sind **lange Vokale**. In einigen Wörtern steht (ausnahmsweise) nach dem Diphthong *ei* ein Fugen-h (vgl. Nr. 66 f)).	 Maus Reis; Mais heute; Häute gedeihen, leihen, verzeihen Reihe, Reiher, Weiher
54	**ei** und **ai** klingen in der deutschen Standard-Aussprache vollkommen gleich. Es gibt keine Denkregel dafür, weshalb für ein Wort in der Rechtschreibung das eine oder das andere Zwielaut-Zeichen genommen werden muss.	Die **Schreibung mit ei** ist der normale Fall: dein, Seife, Eifer, seit usw. Die Zahl der **Wörter mit ai** ist gering: Hai, Kaiser, Laie, Mai, Mais, Waise (elternloses Kind); Hain (Wäldchen), Laib (Brot), Laich (Fischeier), Maid, Rain (Ackergrenze), Saite (am Musikinstrument)

55	**Unterscheidungsschreibung** (vgl. Nr. 52)	Laib (Brot) — Leib (Körper) Saite (am Musikinstrument) — Seite (im Buch; rechte und linke Seite) Waise (elternloses Kind) — Weise (Art und Weise; Melodie)	

56	**eu** und **äu** klingen in der deutschen Standard-Aussprache vollkommen gleich. Ob ein Wort mit **äu** geschrieben wird, kann man meistens mit **Rechtschreibhilfe II** (Ableiten) feststellen (vgl. Nr. 47).

Bräutigam < Braut   Mäuse < Maus
einzäunen < Zaun   Räuber < Raub
Gebäude < bauen   räuchern < Rauch
Gehäuse < Haus   säubern < sauber
gläubig < glauben   Säugling < saugen
Gräuel < Grauen   Säure < sauer
häufig < Haufen   täuschen < Tausch
läuten < laut   träumen < Traum

ohne regelhafte Herleitung:
Knäuel, räuspern, Säule, sich sträuben

57	**Unterscheidungsschreibung** (vgl. Nr. 52)	heute – Häute (< Haut)

Kurze Vokale: Besonderheiten

58	In einigen Wörtern wird nach betontem kurzem Vokal der folgende Konsonantenbuchstabe **nicht verdoppelt**:	
	– in einigen Kurzwörtern,	**Präpositionen und Konjunktionen:** an, in, um; ab, bis, mit, ob **Adverbien:** drin, hin, dran **Substantive (Nomen):** Bus, As **Pronomen und Artikel:** das, der, des, es, was, wes; man **Beachte jedoch:** man ↔ Mann (Unterscheidungsschreibung) des ↔ dessen in ↔ innen wes ↔ wessen drin ↔ drinnen **Regelgerecht werden geschrieben:** dann, dass, denn (Konjunktion), wann, wenn
	– in zwei Verbformen: **bin – hat,**	ich bin; er hat aber: er hatte (regelgerecht)
	– in einigen **Substantiven (Nomen)** vom Typ Himbeere.	Brombeere, Himbeere, Imker, Imbiss, Sperling, Walnuss

59 In einigen Wörtern wird der Konsonantenbuchstabe **verdoppelt, obwohl** der vorausgehende kurze Vokal **nicht betont** ist (Ausnahme vom 2. Grundsatz, Nr. 49):
– Verlängerungen von Wörtern mit den **Wortendungen**
  • **-in**
  • **-nis** und **-is**
  • **-as** und **-os**
  • **-us**

Fahrerin → Fahrerinnen
Ergebnis → Ergebnisse   Kürbis → Kürbisse
Ananas → Ananasse   Rhinozeros → Rhinozerosse
Omnibus → Omnibusse

– Wörter, die auf ein **Grundwort** (Stammwort der Wortfamilie) **mit Konsonantenverdoppelung** zurückzuführen sind,

kontrollieren < Kontrolle
nummerieren < Nummer; auch Nummerierung

– einige **Fremdwörter** mit stimmlosem (scharfem) s-Laut im Inlaut,

Diskussion, Fassade, Kassette, Mission, passieren, Possessivpronomen, Rezession

– einige andere Fremdwörter.

Affekt, akkurat, Allee, Batterie, Differenz, Effekt, Illusion, korrekt, Lotterie, Million, Opposition, Porzellan, raffiniert

---

60 Der gleiche Konsonantenbuchstabe kann **in zusammengesetzten Wörtern dreifach** stehen.

Schifffahrt, Schwimmmeister
(zugelassene Nebenschreibungen: Schiff-Fahrt, Schwimm-Meister, Wett-Turnen, vgl. Nr. 110);
Wettturnen, Brennnessel, Fetttopf, Betttuch, Schnellläufer, Bestellliste;
Flusssenke, Flussstrecke

Bei einigen Wörtern steht nur der **Doppelkonsonant** (also kein Dreifachkonsonant).

Mittag, dennoch, Drittel

---

61 Kombination von Konsonantenverdoppelung und -häufung: Die beiden Kürzezeichen (Verdoppelung und Häufung) stehen im Entweder-oder-Verhältnis zueinander, vgl. 2. Grundsatz, Nr. 49.

Merke: Keine Konsonatenverdoppelung innerhalb einer Konsonantenhäufung!

bald, abstrakt, faktisch, Faktor, Pakt, praktisch, Takt;
Direktor, elektrisch, Insekt, Inspektor, korrekt, Perspektive, Projekt; melken, Nelke, Herz;
Zimt; Doktor; Produkt;
insgesamt, sämtlich; mürbe; die Kante; das Land

Dennoch kommt es in drei Fallgruppen zum **Nebeneinanderstehen von Konsonantenverdoppelung und -häufung:**
– in **Verbformen und Ableitungen** daraus (vgl. im Einzelnen Nr. 62: Kombinationsregel),

kannte, gekannt (< kennen);
bekannt; die Bekannten; auch: die Erkenntnis (< kennen)

- in **flektierten (gebeugten) Formen** anderer Wortarten,

der dü**mm**ste (Superlativ < du**mm**), die dü**nn**ste (< dü**nn**), des Si**nn**s (< Si**nn**)

- in **zusammengesetzten Wörtern** als zufälliges Zusammentreffen.

a**ll**gemein, a**ll**mählich;
Bru**mm**bär; auch: Scha**lt**tafel, Sa**nd**dorn, Da**mm**bruch, E**ll**bogen, Fa**ll**betrachtung; He**mm**schwelle; Mi**tt**woch, Ri**tt**meister; Scha**ll**mauer, Schna**pp**schuss, Schwi**mm**becken, So**nn**tag; Ste**ll**wand, Tre**ff**punkt, Wo**ll**mütze

62 Die **Kombination** von Konsonantenverdoppelung und -häufung (d. h. eine Verdoppelung innerhalb einer Konsonantenhäufung) kommt vor allem bei **Verben** und **Ableitungen von Verben** vor:

- in **Personalformen des Verbs** (gebeugten Formen von Tätigkeitswörtern), wenn der Infinitiv (Grundform, Nennform) eine Konsonantenverdoppelung aufweist,

es bre**nnt**	< brennen	sie schwi**mmt**	< schwimmen
er gli**mmt**	< gli**mm**en	du so**llst**	< sollen
du ka**nnst**	< können	sie so**nnt** sich	< sich sonnen
sie ka**nnt**e	< kennen		
er ke**nnt**	< kennen		

- in **Partizipien** (ebenfalls: wenn der Infinitiv eine Konsonantenverdoppelung aufweist)

geka**nnt** < kennen: ich habe ihn geka**nnt**
gespa**nnt** < spannen: wir sind gespa**nnt**
verbra**nnt** < verbrennen: verbra**nnt**es Holz

- sowie in **Adjektiven,** die aus einem Verb mit einem Doppelkonsonanten **abgeleitet** sind,

beka**nnt** < kennen

- und **Substantiven (Nomen)**, die aus einem solchen Adjektiv oder aus einem entsprechenden Partizip oder direkt aus dem Verb **abgeleitet** sind.

unsere Beka**nnt**en < beka**nnt** < kennen
der Verba**nnt**e < verba**nnt** < verbannen
Ke**nnt**nis < kennen

Außerdem gibt es die Kombination in anderen flektierten (gebeugten) Formen.

dumm +st < der dü**mm**ste (Schildbürger)
Kinn +s < des Ki**nn**s (vgl. Nr. 61)

63 **Schreibung des kurzen e/ä-Lautes:** Die Buchstaben **e** und **ä** geben beim Schreiben denselben kurzen Laut wieder: das kurze [ɛ]. Anders als beim langen e und langen ä kann man also beim Kurzvokal keinen Unterschied zwischen e und ä hören.

*E*ndung, verg*e*lten; *Ä*rger, K*ä*lte

ebenso ohne einen hörbaren Unterschied:
*E*ltern – *ä*ltere Mitbürger

Für den kurzen [ɛ]-**Laut** schreibt man dann den **Buchstaben ä**, wenn es ein **Grundwort** (Stammwort) mit **a** gibt (vgl. Nr. 47: **Rechtschreibhilfe II**).	B*ä*nder < B*a*nd H*ä*lse < H*a*ls K*ä*lte < k*a*lt auch: beh*ä*nde < H*a*nd überschw*ä*nglich < Überschw*a*ng (< schwingen)	
Außerdem schreibt man ä in den nebenstehenden Wörtern.	dämmern, Geländer, Lärm, März, Schärpe	

64	Es gibt auch Wörter mit **zwei möglichen Schreibungen** (**Doppelschreibung**).	Schenke < ausschenken Schänke < Ausschank aufwendig < aufwenden aufwändig < Aufwand
65	**Unterscheidungsschreibung** (vgl. Nr. 52)	L*e*rche (Vogel) – L*ä*rche (Nadelbaum)

Konsonanten

h

66	Der **Buchstabe h** erfüllt drei unterschiedliche Aufgaben:
	– Er gibt einen Laut, den Hauchlaut, wieder (**Sprech-h**).
	– Er stellt ein Längezeichen dar (**Dehnungs-h**) (vgl. Nr. 49).
	– Er bezeichnet die Fuge zwischen zwei Vokalen (meist einem betonten langen und einem unbetonten kurzen Vokal) (**Fugen-h**).
		*H*and, *H*aus, *H*erd, *h*ier, *h*olen, *H*und
		
		Fā*h*ne, Fā*h*rzeug, lā*h*m, Mā*h*lzeit
		
		beja*h*en wird gesprochen als [bəjá:ən],
		nicht: [bəjá:hən]
		entsprechend: nahen: [ná:ən]
		                          Mühe: [mý:ə]
		                          Ruhe: [rú:ə]

67	Ein **Fugen-h** bleibt **in allen Formen** und in der **ganzen Wortfamilie** erhalten (und wird dabei oft zum Dehnungs-h, z.B. in Dra*h*t); wichtig vor allem für Verbformen, z.B. ge*h*en → sie ge*h*t.	na*h* (< na*h*e); auch: Nä*h*e entsprechend: er sa*h* (< se*h*en), auch: ihr sa*h*t; aus diesem Grund auch: dre*h*en → Dra*h*t, nä*h*en → Na*h*t

s – ß – ss

68 Als **Schriftzeichen für die s-Laute** kennt die Rechtschreibung: **s, ß, ss.**

Verwendet man nur Großbuchstaben, so wird das ß durch SS ersetzt: Straße → *STRASSE*.
In der Schweiz wird statt des Zeichens ß immer der Doppelbuchstabe ss geschrieben: Straße → *schweizerisch:* Strasse.

69 **s-Laut im Wortinneren**

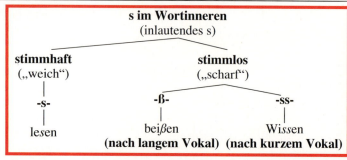

a) Im Wortinneren (im Wortinlaut) wird der **stimmhafte** (weiche) **s-Laut** durch **s** wiedergegeben.

brausen	hinweisen	lesen	reisen
Gemüse	Hose	lose	sausen
Hase	leise	Nase	weise usw.

b) Im Wortinneren wird der **stimmlose** (scharfe) **s-Laut nach** *langem* **Vokal** durch **ß** wiedergegeben.

sie fraßen	Muße	beißen	vergrößern
wir saßen	Buße	heißen	entblößen
fließen	draußen	fleißig	Grüße
genießen	außer	Gefäße	Füße
Soße	Preußen	Größe	Sträuße usw.

c) Im Wortinneren wird der **stimmlose s-Laut nach** *kurzem* **Vokal** durch **ss** wiedergegeben

passen	Klasse	Russe	Schlüssel
lassen	Messe	Fässer	Flüsse
Tasse	Bissen	Pässe	Nüsse
Masse	Rosse	Schlösser	usw.

70 **s-Laut am Wortanfang**

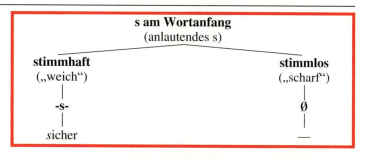

Am **Wortanfang** (im Wortanlaut) steht immer **s-**.

Das **anlautende s** wird **immer stimmhaft** (weich) gesprochen (vgl. Nr. 69 a)). In der Standard-Aussprache kommt ein anlautendes stimmloses (scharfes) s nicht vor, wohl aber in der gehobenen Umgangssprache in verschiedenen Teilen Süddeutschlands.

sagen, sauber, Seele, sicher, summen

Für stimmloses s im *Silben*anlaut (z.B. beißen, essen) siehe Nr. 69.

71 s-Laut am Wort- und Silbenende

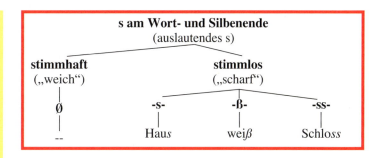

a) Am **Wort- oder Silbenende** (im Auslaut) wird das s **immer stimmlos** (scharf) gesprochen.

b) Das auslautende s wird durch den **Buchstaben s** wiedergegeben

– in solchen Wörtern, die **in ihren flektierten** (gebeugten) **Formen** ein **stimmhaftes** (weiches) **s** aufweisen

die Maus → die Mäuse   der Kreis → die Kreise
der Fels → die Felsen   dies → diese
das Gras → die Gräser → grasen   usw.

– oder in deren **Wortfamilie** ein **stimmhaftes s** vorkommt,

los, löslich (Silbenauslaut) < lösen
sie las < lesen
sie reist < reisen, er speist < speisen

– in einigen **Kurzwörtern,**

das, es (Artikel, Pronomen), was; eines, etwas, nichts; als, aus, bis, falls, los; Bus, As

– in einigen **Adverbien,** bei denen das s das Kennzeichen der Wortart Adverb ist,

bereits (< bereit; Adverb-Kennzeichen: -s), abends, abwärts, eilends, morgens, nirgends, stets, unversehens, vollends, vorwärts, zusehends

– in Wörtern mit den **Endungen**
• **-nis** und **-is**
• **-as** und **-os**
• **-us**

Bildnis, Geheimnis, Versäumnis, Zeugnis; Kürbis
Ananas, Atlas, As; Rhinozeros
Globus, Krokus, Omnibus, Bus

– und in einigen sonstigen Wörtern.

Mais, Reis

c) Das auslautende s wird **nach langem Vokal** oder **Diphthong** (Zwielaut) wiedergegeben durch das **Schriftzeichen ß,** sofern das Wort nicht zur Gruppe b) gehört.

das Maß; der Spieß, Grieß; Kloß, groß, bloß; Fuß; Fleiß, weiß, der Schweiß; Strauß usw.

d) Das auslautende s wird nach **betontem kurzem Vokal** wiedergeben durch den **Doppelbuchstaben ss,** sofern das Wort nicht zur Gruppe b) gehört.

dass (Konjunktion),
blass, Einlass, Fass, lass!, nass, Pass;
essbar (Silbenauslaut), kess, Stress;
der Biss, sie biss, ein bisschen, gewiss, missbilligen (Silbenauslaut);
Amboss, das Ross, Schloss;
Fluss, Kuss, muss, Schluss, Schuss;
grässlich (Silbenauslaut), hässlich (Silbenauslaut) usw.

72 s-Laut + t

```
           s-Laut + t
         (immer stimmlos)
      ┌────────┼────────┐
      st       ßt       sst
      │        │        │
   Lust, stark er heißt  gewusst
```

a) In **Verbindung** mit dem **t-Laut** wird das s normalerweise **st** geschrieben.

stark;
Faust, fast, das Fest, fest, Geist, gestern, husten, Kasten, Kiste, meistens, Mist, Osten, Rest, selbst, Trost, Westen

Bei manchen Wörtern lässt sich diese Schreibung mit der **Rechtschreibhilfe II** (vgl. Nr. 47) erklären.

sie beweist < beweisen
erlöst < erlösen
sie reist (nach Dresden) < reisen

b) In Wörtern, die **ohnehin** ein ß enthalten, wird die Lautverbindung mit t wiedergegeben durch **ßt**.

gießen → er gießt
groß → der größte Erfolg
heißen → sie heißt

c) In Wörtern, die **ohnehin** ein ss enthalten, wird die Lautverbindung mit t wiedergegeben durch **sst**.

küssen → geküsst
müssen → sie mussten
wissen → sie wussten, gewusst, bewusst, Bewusstsein

73 Besonderheiten bei **ss + st**: Beim Zusammentreffen von ss und st wird **ein s ausgestoßen**:
– in der 2. Person Singular (Präsens Indikativ) von **Verben mit s, ß oder ss,**

reisen – du reist (nicht: reis + st → * reisst)[1]
beißen – du beißt (nicht: beiß + st → * beißst)
hassen – du hasst (nicht: hass + st → * hassst) usw.

– auch bei Verben mit **tz** oder **x,**

sitzen – du sitzt (nicht: sitz + st → * sitzst)
mixen – du mixt (nicht: mix + st → * mixst)

– manchmal in Superlativen von **Adjektiven mit s-Laut.**

groß – der größte (nicht: größ + ste → *größste) usw.

[1] Der Stern bedeutet: fehlerhaft, existiert nicht

74 Wortreihen mit **wechselnder s-Schreibung:** Bei den Stammformen mancher Verben (vgl. Nr. 18) und innerhalb mancher Wortfamilien **wechseln Vokallänge und Vokalkürze** miteinander; dementsprechend wechseln auch die Schreibungen des s-Lautes.

beißen – er biss – gebissen – der Biss – ein Bissen – ein bisschen usw.
fließen – er floss – geflossen – fließend – der Fluss – flüssig
genießen – er genoss – genossen – der Genuss
wissen – er weiß – er wusste – Gewissen – Bewusstsein

75 **Unterscheidungsschreibung** (vgl. Nr. 52)

er biss   – bis
er fasst   – fast
du hasst (< hassen)   – du hast (< haben)
sie isst (< essen)   – sie ist (< sein)
sie ließ (die Arme sinken) – Lies einmal das! (< lesen)
es misst (< messen)   – Mist
sie reißt (< reißen)   – sie reist (< reisen)

Beachte auch (bei unterschiedlicher Vokallänge):
die Masse   – die Maße

Die das/dass-Regel

76 **a) Der Sinn der Regelung** ist es, das Lesen erheblich zu erleichtern. Die Lesenden können die Konjunktion *dass* und die entsprechenden Nebensätze sofort erkennen und somit beim Lesen die Satzgefüge besser durchschauen.

das –	Pronomen (Relativpron., Demonstrativpron.) Artikel
dass –	unterordnende Konjunktion

b) Ersatzprobe: Ein **das/dass** nach einem Komma schreibt man dann **mit -s**, wenn man es durch *welches* oder *dies* ersetzen kann.

Das Auto, das wir gekauft haben, hat vier Türen.
= Das Auto, *welches* wir gekauft haben, …
→ **Relativpronomen**

Daniel sagte, das sei ihm neu.
= Daniel sagte, *dies* sei ihm neu.
→ **Demonstrativpronomen**

Ilse sagte, das Buch liege noch auf dem Tisch.
= Ilse sagte, *dies* Buch liege noch auf dem Tisch.
→ **Artikel**

c) Ersatzprobe: Wenn man ein **das/dass** nach einem Komma jedoch **nicht** durch *welches* oder *dies* ersetzen kann, wird es **mit -ss** geschrieben.

1. Lisa sagte, dass sie diese Antwort nicht erwartet hatte.
2. * Lisa sagte, welches sie diese Antwort nicht erwartet hatte: ein ungrammatischer Satz!
3. * Lisa sagte, dies sie diese Antwort nicht erwartet hatte: ein ungrammatischer Satz!

Also: Das Ersetzen ist nicht **nicht möglich;** vielmehr gilt: **dass** ist **unterordnende Konjunktion** und wird daher mit **-ss** geschrieben.

d) Auch am Satzanfang wird ein **das/dass** mit -ss geschrieben, wenn man es nicht durch *dies* ersetzen kann.

Dass wir gewinnen würden, hatte ich nicht mehr geglaubt.

77 **Doppelschreibung:** Die Konjunktion **sodass** kann in einem Wort, sie darf aber auch in zwei Wörtern geschrieben werden.

Sie passte nicht auf, **sodass** sie den zugespielten Ball verfehlte.
auch möglich: …, **so dass** sie den Ball verfehlte.

z – tz

78 Der **Buchstabe z** und die **Buchstabenverbindung tz** geben eine Lautkombination wieder: [ts]. Sie klingen vollkommen gleich, werden aber in der Rechtschreibung unterschiedlich verwendet:
– Das *z* steht nach langem Vokal.

Brezel (das *e* ist standardsprachlich lang), duzen, Heizung, Kapuze, Kauz, Kreuzung, reizen;

45

– Das *z* steht auch nach Konsonanten,

Ar*z*t, Her*z*, Ho*lz*, je*tz*t, Ka*nz*ler, Konfere*nz*, ku*rz*, ta*nz*en, Sa*lz*

– das *tz* nur nach betontem kurzem Vokal.

Klo*tz*, Me*tz*ger, Ne*tz*, Nu*tz*en, Pla*tz*, Pu*tz*, Wi*tz*

In einigen **Fremdwörtern** wird der **Doppelbuchstabe zz** verwendet.

Ja*zz*, Pi*zz*a, Ra*zz*ia, Ski*zz*e; Interme*zz*o

ck – kk

79 Das **Schriftzeichen ck** ist eine besondere Form von **Buchstabenverdoppelung.** Es steht nur hinter einem **betonten kurzen Vokal**, nie hinter einem Konsonanten. Es dient der Kennzeichnung der Vokalkürze (siehe Nr. 49). Das Zeichen ck steht **anstelle von kk.**

di*ck*, Zu*ck*er

z. B. Blo*ck*, Fle*ck*, Sa*ck*, spu*ck*en, Stü*ck*, Tri*ck*

Nur in wenigen **Fremdwörtern** wird **als Ausnahme kk** geschrieben.

A*kk*lamation, A*kk*ord, A*kk*ordeon, A*kk*u (Kurzwort aus: A*kk*umulator), a*kk*urat, A*kk*usativ, Ma*kk*aroni, Mo*kk*a, O*kk*upation, Pi*kk*olo (auch: Pi*cc*olo), Sa*kk*o

ch am Wortanfang

80 Gelegentlich steht **ch am Wortanfang,** obwohl *k* gesprochen wird. Es handelt sich um Wörter altgriechischer Herkunft.

Nur in Süddeutschland, Österreich, Südtirol und in der Schweiz spricht man *ch-* in den folgenden Wörtern wie *k-*: Chemie, China, Chinin, Chirurg.
(Im sonstigen deutschen Sprachgebiet wird *ch-* vor den Vokalen *e* und *i* als Reibelaut wie in *ich* [„ich-Laut"] gesprochen.)

Im gesamten deutschen Sprachgebiet wird *k* gesprochen in:
Chaos   Chor   Chronik
Charakter   christlich   chronisch
Chlor   Chrom   Orchester (Manche sprechen hier *ch*.)

In manchen Wörtern steht **ch am Wortanfang**, obwohl *sch* gesprochen wird. Es handelt sich um Wörter französischer Herkunft.

Wie *sch* wird es gesprochen in:
Champignon, Chanson, Chef, Chiffre

In manchen Wörtern wird das **ch am Wortanfang** als *tsch* gesprochen.

Chips, Chile

b – p

81 **b und p** klingen oft gleich. Meistens können die **Rechtschreibhilfen I und II** – Verlängern und Ableiten – Klarheit schaffen (vgl. Nr. 46 und 47).

sie gibt < ge*b*en   Lump   → Lum*p*en
Kalb   → Käl*b*er   er pumpt < pum*p*en

Bei Unsicherheiten beim Wortanfang oder beim Silbenanlaut hilft nur das Nachschlagen im Wörterbuch.

Für manche Wörter gibt es keine Regel. Man muss sich ihre Schreibung einprägen.	Abt hübsch Krebs Obst	Gips Haupt Klempner Knirps Mops Papst	Propst Raps September Rezept Schlips Schnaps

d – t (sowie dt – tt)

82 **d und t** klingen oft gleich. Meistens können die **Rechtschreibhilfen I und II** – Verlängern und Ableiten – Klarheit schaffen (vgl. Nr. 46 und 47).

Bun*d* → Bun*d*es   bun*t* → bun*t*e
Lei*d* < lei*d*en   Gelei*t* < lei*t*en
Gel*d* → Gel*d*er   Entgel*t* < gel*t*en
bargel*d*los < Gel*d* → Gel*d*es

Bei Unsicherheiten beim Wortanfang oder beim Wortinneren hilft nur das Nachschlagen im Wörterbuch.

Für manche Wörter gibt es keine Regel. Man muss sich ihre Schreibung einprägen.

aben*d*s   nirgen*d*s
eilen*d*s   ihr sei*d*
irgen*d*   sei*t* (gestern, drei Tagen)
Jugen*d*   wir sin*d*
morgen*d*lich   zusehen*d*s
nie*d*lich

Beachte aber: höchstens, meistens, morgens, schnellstens, unversehens, vergebens, wenigstens

83 **Tod und tot** werden in der Rechtschreibung unterschieden. **Das Substantiv (Nomen)** *Tod* schreibt man am Ende mit *d*. Das **Adjektiv** *tot* schreibt man am Ende mit *t*.

Gleichfalls mit -*d* werden alle von *Tod* abgeleiteten Zusammensetzungen geschrieben.

to*d*ernst, der To*d*feind, to*d*krank (auf den To*d* – das Sterben – krank, sterbenskrank), to*d*sicher, to*d*unglücklich, tö*d*lich

Mit -*t* werden entsprechend die von *tot* abgeleiteten Zusammensetzungen geschrieben.

der To*t*e, To*t*geburt, Tö*t*ung
to*t*arbeiten (so arbeiten, dass man – fast – to*t* ist), sich to*t*ärgern, to*t*fahren, to*t*lachen, to*t*sagen, to*t*schweigen

84 Die Schärfung (Verstärkung) des d/t-Lautes führt zu einem Nebeneinander von **d, dt, t, tt**. Die meisten Schreibungen kann man sich herleiten mithilfe der **Rechtschreibhilfen I und II** (vgl. Nr. 46 u. 47).

Gewan*d* → Gewän*d*er
Verban*d* < verbin*d*en
Versan*d* < versen*d*en
Gesand*t*schaft < gesen*d*et [Durch Ausstoßung des *e*, das zwischen ihnen stand, sind die Konsonanten *d* und *t* zusammengerückt.]
Verwand*t*schaft < verwand*t* → Verwan*d*te
[Verwandte sind diejenigen Menschen, die einander familiär „zugewendet" sind.];
gewand*t*, Gewand*t*heit

Die Schreibung einiger **Grundwörter** (Stammwörter) kann man sich nicht herleiten; man muss sie sich einprägen:	**Stadt** Stadtteil = Stadt + Teil 　　　　Stadttheater = Stadt + Theater Kleinstädte < Sta*d*t **statt, anstatt** -statt (in Verbindungen), z. B. Werk*statt* Statthalter < jemand, der die Stelle, (Stä*t*te, „Sta*tt*") 　　　　　　stellvertretend „hält", innehat Brandstätte < -sta*tt*	
85 **Unterscheidungsschreibung** (vgl. Nr. 52)	ihr sei*d* — sei*t* (drei Tagen)	

g – k und g – ch

86 **g und k** klingen oft gleich. Meistens können die **Rechtschreibhilfen I und II** – Verlängern und Ableiten – Klarheit schaffen (vgl. Nr. 46 und 47). Für manche Wörter gibt es jedoch keine Regel. Man muss sich ihre Schreibung einprägen.	Klini*k* → Klini*k*en Tan*k* → Tan*k*er So*g* → sau*g*en Ta*g* → Ta*g*e Bu*g*, Tal*g*, Ta*k*t	Flu*g* < flie*g*en Gesan*g* < sin*g*en Gestan*k* < stin*k*en Gewöl*k* < Wol*k*en
87 Auch in der Frage, ob im Auslaut (am Wort- oder Silbenende) **g oder ch** geschrieben wird (vor allem bei norddeutscher Aussprache), helfen die **Rechtschreibhilfen I und II** (vgl. Nr. 46 und 47). Merke als Besonderheit:	Schla*g* → Schlä*g*e er ma*g* < mö*g*en Zum **Suffix -ig** vgl. Nr. 96; lusti*g* → lusti*g*er Dickicht, Docht, Fracht, Macht	Kra*ch* → Krä*ch*e sie ma*ch*t < ma*ch*en fröhli*ch* → fröhli*ch*er
88 **Unterscheidungsschreibung** (vgl. Nr. 52)	Flu*g* (fliegen) — Flu*ch* (verflu*ch*en) du ma*g*st (von: mögen) — du ma*ch*st Sie*g* — sie*ch* (krank) Tei*g* (zum Backen) — Tei*ch* (kleiner See)	

v – f – pf – ph

89 **f und v** werden in der Rechtschreibung unterschieden. Eine Regel lässt sich nicht formulieren; daher muss man sich die Schreibung einprägen.	Mit **v** in der Aussprache *f* werden vor allem geschrieben: **vor, ver-, viel, vorn(e)** ferner:　*V*ers　bra*v*　Detekti*v* 　　　　*V*ieh　Lar*v*e　Infiniti*v* 　　　　Ner*v*　　　　Moti*v* 　　　　　　　　　Nominati*v*, Akti*v* usw.

Mit **v** werden vor allem die rechts wiedergegebenen Wörter geschrieben.	Mit **v** in der Aussprache **w** werden geschrieben: Universität Vase Vene Virus In den folgenden Wörtern mit **v** wird im norddeutschen Sprachgebiet das *v* als *w* gesprochen, im süddeutschen hingegen als *f*: brave Leute Perspektive Vatikan dividieren privat Vegetarier evangelisch Proviant Ventil Kurve Pulver Vulkan November Sklave zivil
Als Schreibung mit **f** sollte man sich merken:	fort (aber: *vor, vorne*)
Mit **pf** werden die nebenstehenden Wörter geschrieben.	Pfahl Pfeil Pflicht Pfalz (Kaiserpfalz) Pferd Pfund Pfand Pflaume Trumpf Pfanne
Mit **ph** werden die nebenstehenden Wörter geschrieben. Sie sind alle altgriechischer Herkunft.	Alphabet Phantom Prophet Apostroph Phase Strophe Asphalt Philharmonie Triumph Atmosphäre Philosophie Diphthong Physik Katastrophe Phosphor Metapher
Für einige Wörter gibt es **Doppelschreibung**.	Delfin, Fantasie, fantastisch Wortbestandteile *-fon-, -fot-, -graf-*: Mikrofon, Fotograf, Grafik, Paragraf Für alle diese Wörter ist auch die Schreibung mit *ph* **zulässig.** Hingegen ist im fachsprachlichen Gebrauch eher die Schreibung mit *ph* **üblich,** beispielsweise in den folgenden Wörtern: Hydrographie (Gewässerkunde), Graphologie (Schriftkunde), phonstark, Phonzahl, Photochemie, Photosynthese In diesen Wörtern ist **auch** die Schreibung mit *f* **korrekt.**
90 Unterscheidungsschreibung (vgl. Nr. 52).	Falz (Umbiegung, Blechrand, Papierfalte) – Pfalz er fand – Pfand Feile (Werkzeug) – Pfeile (Zeichen, Geschosse) fetter – Vetter (Cousin) er fiel – viel Flug (fliegen) – Pflug (den Acker pflügen) fort – Pforte der Fund (gefunden) – das Pfund

th; rh

91 th: ungewöhnliche Schreibung
In einigen Wörtern wird der **t-Laut** durch **th** (statt durch t) wiedergegeben. Diese Wörter stammen alle aus dem Altgriechischen. In der altgriechischen Schrift gab es einen eigenen Buchstaben für den behauchten t-Laut.

Theater, Thema, Theorie, Therapie, Thermometer, Thermosflasche, Thermostat, These, Thron; Apotheke, Diphthong, Ethik, Hypothese, Kathedrale, Kathete, Mathematik, Methode, Orthopäde, Rhythmus, Sympathie

Für zwei Wörter gibt es **Doppelschreibung**.

Panther   auch korrekt: *Panter*
Thunfisch   *Tunfisch*

Es gibt aber auch Wörter altgriechischen Ursprungs, die mit einem **einfachen *t*** geschrieben werden (und schon im Altgriechischen mit dem Buchstaben für den einfachen t-Laut geschrieben wurden).

Architekt, Atmosphäre, Hypotenuse, Katalog, Katastrophe, Kritik, Metapher, Rhetorik

92 rh: ungewöhnliche Schreibung
In einigen Wörtern wird der **r-Laut** durch **rh** (statt durch r) wiedergegeben. Diese Wörter sind alle altgriechischer Herkunft und wurden mit behauchtem **r** gesprochen.

Rhythmus, Rhapsodie, Rhesusfaktor, Rhetorik, Rhododendron, Rhombus

Für zwei Wörter gibt es **Doppelschreibung**.

Katarrh   auch korrekt: *Katarr*
Myrrhe   *Myrre*

x – ks – cks – gs – chs

93 Die Buchstaben und Schriftzeichen **x – ks – cks – gs – chs** geben eine **Lautkombination** wieder, die einen **s-Laut** enthält.
Der Buchstabe und die Zeichen treten nur im Auslaut auf. Sie klingen vollkommen gleich, werden aber in der Rechtschreibung unterschieden.
Die Schreibung einiger Wörter kann man sich mithilfe der **Rechtschreibhilfe II** (vgl. Nr. 47) herleiten.

Die Schreibung einiger anderer Wörter muss man sich einprägen.

Klecks	< kleckern	allerdings	< Ding → Dinge
Knicks	< knicken	anfangs	< anfangen
links	(vgl. der linke Griff)	flugs	< fliegen

Axt	komplex	Luxus	Praxis
Boxer	kraxeln	mixen	Suffix
Hexe	lax	Plexiglas	Taxi

Achse	Dachs	Flachs	Ochse
Buchse	Deichsel	Fuchs	wachsen
Büchse	Eidechse	Lachs	wechseln

Vorsilben und Nachsilben

94 Grundbegriffe:
Vor- und Nachsilben sind Sprechteilchen, z. B. *Ver*/nunft, kräf/*tig*
Präfixe und Suffixe sind Wortbausteine, z. B. *Be*+frei+*ung*

Be	*frei*	*ung*
Präfix	Wortstamm	Suffix (Ableitung)

Präfixe **vor** dem Wortstamm, z. B. be-, ent-, er-, ge-, ein-, ur-, ver-,
(Präfixe sind zugleich Vorsilben)

Suffixe **hinter** dem Wortstamm, z. B. -ig, -bar, -heit, -keit, -lich, -nis, -ung
Viele Suffixe sind zugleich Nachsilben,
aber nicht alle. z. B. -bar, -lich, -nis, -sam (ein*sam*)

Suffixe dienen dem **Ableiten** von Wörtern, z. B. Heil*ung* aus *heil*.

Teil+*ung*   (Suffix: *ung*, Nachsilbe hingegen: -*lung*)
lust+*ig*   (Suffix: *ig*, Nachsilbe hingegen: -*tig*)

95 Vorsilben
Es ist zweckmäßig, dass man sich die Rechtschreibung einiger Vorsilben einprägt:

- **ent-** entwerfen; Entdeckung; entbehrlich, entsetzlich
- **miss-** missbilligen, missverstehen; Missachtung; misslich
- **ur-** Ursache, Urlaub; uralt
- **ver-** verarbeiten, verbrauchen; Verfolgung
- **vor-** Vorsorge; vorbildlich; vorwärts, vorher, voraus, vorhanden

Unterscheide die **Vorsilbe** *ent-* von der **Silbe** *end-* (< Ende).

Ent/schei/dung   – un/en*d*/lich
en*t*/loh/nen   – en*d*/los
En*t*/gelt, un/en*t*/gelt/lich   – en*d*/gül/tig, En*d*/er/geb/nis

Unterscheide **vor-** von **fort-**.

*v*or/fahren   – *f*ort/fahren
*v*or/gehen   – *f*ort/gehen
*v*or dem Tor   – *f*ort von hier

96 Nachsilben und Suffixe
Es ist zweckmäßig, dass man sich die Rechtschreibung einiger Nachsilben und Suffixe einprägt:

Nachsilben:
- **-bar** brauchbar, denkbar, fruchtbar, furchtbar, lenkbar, trinkbar
- **-mal(s)** einmal, keinmal, manchmal; niemals, oftmals, vielmals
- **-nis** Erkenntnis, Erlaubnis, Finsternis
- **-sam** biegsam, einsam, mühsam, unaufhaltsam, sparsam
- **-wärts** ostwärts, rückwärts, seitwärts, vorwärts
- **-lich** ähnlich, erfreulich, fürchterlich, leserlich, nämlich, neulich

Suffixe:
- **-ig** billig, brummig, listig, lustig, steinig, zulässig
- **-end** auffallend, bedeutend, dringend, erfrischend, lachend, reizend, spannend, tanzend

-end ist die Wortendung des Partizips I [Partizip Präsens] von Verben (vgl. Nr. 14).

Scheinbare Ausnahme:
Manche Wörter enden auf *-lig*. Aber das ist kein weiteres Suffix. Vielmehr kommt dieses Wortende dadurch zustande, dass der Wort*stamm* auf *-l* endet und sich daran das Suffix *-ig* anschließt.

eilig < Eil + ig	mehlig	stachelig
heilig	ölig	wohlig
langweilig		

(Die Nachsilbe ist bei diesen Wörtern naturgemäß *-lig*.)

97 Wenn man im Zweifel ist, ob ein Wort auf *-ig* oder *-lich* endet, hilft auch hier wieder die **Rechtschreibhilfe I** (Verlängern); vgl. Nr. 46.

billig	→ billiger
langweilig	→ langweiliger
steinig	→ der steinige Weg
zulässig	→ das zulässige Gesamtgewicht
ehrlich	→ der ehrliche Finder
erfreulich	→ die erfreuliche Tatsache
freundlich	→ noch freundlicher

98 Der **Unterschied von -ends und -ens** ist nur schwer zu erklären; man merkt ihn sich am besten von Fall zu Fall (d. h. von Wort zu Wort).

abends	(am Abend)	morgens	(am Morgen)
vollends	(vollenden)	übrigens	(die übrigen)
nirgends		meistens	(die meisten)
		wenigstens	(die wenigsten)
		seitens	

Getrennt- und Zusammenschreibung

Allgemeines

99 In der deutschen Sprache sind viele Wörter **Zusammensetzungen**, z.B. *Fußball*.

Fuß und *Ball* sind Bestandteile des zusammengesetzten Wortes *Fußball*.

Einige Zusammensetzungen kann man daran erkennen, dass sie ein Fugen-s enthalten.

Arbeitsplatz, Freiheitskampf, Frühlingsblume, Säuglingspflege, Schlafenszeit;
altersbedingt, gewohnheitsmäßig, hilfsbereit, lebensfroh

Zusammengesetzte Wörter werden selbstverständlich **als ein Wort geschrieben.**

Bahnhofsvorplatz (mit Fugen-s); Fahrrad, Feuerleiter, Feuerwehr, Herdplatte, Kochfeld
dunkelrot, langweilig, lesenswert (mit Fugen-s), nasskalt, vieldeutig, urteilsfähig (mit Fugen-s);
abbiegen, ankommen, einkaufen, mitspielen, weggehen, zusammenfassen;
heimbringen, irreführen, stattfinden, teilnehmen;
bereithalten, fernsehen, festsetzen, wahrsagen, fertigstellen

> Als **wichtigste Faustregel** gilt daher: Was du ohne zu zögern als ein zusammengesetztes Wort verstehst, das schreibe zusammen.

Verben

100 Adjektiv + Verb
a) Wenn vor einem Verb ein Adjektiv steht, so wird es in bestimmten Fällen mit dem Verb zusammengeschrieben, in anderen nicht.

schwer + fallen → 1. schwer fallen
                 2. schwerfallen

b) **Zusammenschreibung:** Adjektiv + Verb werden dann **zusammengeschrieben,** wenn sie zusammen einen **eigenen Wortinhalt** ausdrücken, der von der Bedeutung der einzeln nebeneinanderstehenden Wörter verschieden ist.

Bei Verbindungen dieser Art liegt die **Hauptbetonung** (Wortakzent) normalerweise auf dem Adjektiv.

(In solchen Verbindungen mit neuem Wortinhalt (neuer Wortbedeutung) kommen nur wenige Verben vor:

– einige Verben der Verursachung und der Bewegung
– einige Verben der Ruhe (Dauer)
– sowie einige andere Verben.

Die Verben haben in solchen Verbindungen eine **verblasste Bedeutung.**)

c) **Getrenntschreibung:** Jedoch werden dasselbe Adjektiv und dasselbe Verb aus Punkt b) **getrennt geschrieben,** wenn das Adjektiv als ein selbstständiges Satzglied (**Adverbiale**) die **Art und Weise des Geschehens** (Verb) bezeichnet.

In diesen Fällen liegt die **Hauptbetonung** (Wortakzent) normalerweise auf dem Verb, oder jedes der beiden Wörter trägt einen Hauptton.

Getrenntschreibung gilt naturgemäß auch für alle anderen Fälle, in denen ein Adjektiv als **Adverbiale** (also als ein selbstständiges Satzglied) vor einem Verb steht.

d) **Wahlfreie Schreibung:** In manchen Fällen bezeichnet das Adjektiv einen Zustand oder eine Eigenschaft als **Resultat** eines Geschehens (Verbs). Es handelt sich um ein **resultatives Adjektiv.**

*schwer*fallen (= Mühe bereiten)
*frei*sprechen (von der Anklage), *fest*halten (= aufschreiben, aufzeichnen, sich merken), *gut*schreiben (Gutschrift im Sparbuch), *gut*gehen, *schief*laufen, *nahe*liegen, *nahe*kommen, *nahe*legen, *fest*stellen, *fest*setzen, *klar*machen
*schwer*fallen ist verschieden von *schwer fallen*, vgl. Punkt c)

schwérfallen

setzen, stellen, legen; fallen, gehen, kommen, laufen; z.B. festsetzen, schwerfallen (siehe Punkt a))
sitzen, stehen, liegen (stehen inhaltlich in Zusammenhang mit setzen, stellen, legen); halten, sprechen, schreiben, bringen, geben

Z.B. geht es in „schwer*fallen*" nicht um ein konkretes, anschaubares ‚Fallen' (d.h. ‚sich aus einiger Höhe rasch nach unten bewegen'); in „fest*stellen*" wird nichts im Wortsinne ‚gestellt' (d.h. ‚eine Sache an einen Platz bringen, sodass sie dort steht').

schwer fallen (= stürzen, hinschlagen, mit starkem Aufprall hinfallen)
frei sprechen (nicht ablesen), gut schreiben (leserlich), fest halten (z.B. ein Seil)

schwer fállen

schwér fállen

laut rufen
langsam sprechen, schnell gehen, hart arbeiten, fest schlafen

Getrenntschreibung ist also ein **Ausdrucksmittel** für den Schreibenden: Durch Getrenntschreibung **signalisiert der Schreiber dem Leser,** dass das Adjektiv als Bezeichnung der **Art und Weise** eines Geschehens verstanden werden soll.

fest + schrauben
Als Ergebnis des Schraubens sitzt die Schraubenmutter jetzt fest.
fest ist hier ein **resultatives Adjektiv**.

In diesen Fällen hat der Schreibende nach dem Regelwerk **Wahlfreiheit**: Man kann Adjektiv + Verb **entweder zusammen oder getrennt** schreiben (nach dem Belieben des Schreibenden). In diesen Fällen liegt die **Hauptbetonung** (Wortakzent) bei beiden Schreiblösungen normalerweise auf dem Adjektiv (wie bei b)).	festschrauben hartkochen, kleinschneiden, glatthobeln, blankputzen, festdrücken (z.B. einen Aufkleber) **oder:** fest schrauben, hart kochen, klein schneiden, glatt hobeln, blank putzen, fest drücken hártkochen oder hárt kochen

> **Empfehlung:** Für das Merkwissen zur Rechtschreibung ist es eine Erleichterung, wenn man sich nur merkt:
> **resultatives Adjektiv + Verb zusammenschreiben.**
> (Dafür spricht auch die gleichartige Betonungsweise wie bei b.).)
>
> (ein Frühstücksei) hartkochen
>
> *hártkochen* wie bei *schwérfallen* oder *féstsetzen* (siehe b))

e) Man soll nach dem amtlichen Regelwerk in allen Fällen dann getrennt schreiben, wenn das Adjektiv erweitert ist.	*ganz* nahe kommen (auch wenn nach b) geschrieben wird: nahekommen)
f) Vgl. aber zu Wortverbindungen von der Form Partizip + Verb unten Nr. 105.	z.B. *getrennt* schreiben

101 Die Regelungen zum Thema Adjektiv + Verb ermöglichen es dem Schreibenden durch **Unterscheidungsschreibung** (vgl. Nr. 52) genau das auszudrücken, was er meint.

Der **Wortinhalt** (Bedeutung) ist **verschieden**, je nachdem, ob die Verbindung zusammen- oder getrennt geschrieben wird.

(In das Gegensatzpaar *gleichmachen* und *gleich machen* spielt mit hinein, dass das Wort *gleich* doppeldeutig ist, d.h. zwei Wortinhalte hat: 1. ‚unterschiedslos', 2. ‚unverzüglich, sofort'.)

bewusstmachen (= etwas ins Bewusstsein heben)	– bewusst machen (= mit Bewusstsein tun)
festdrücken (z.B. einen Aufkleber)	– fest drücken (z.B. eine Hand)
festhalten (ein Ergebnis)	– fest halten (z.B. eine Hundeleine)
festsitzen (nicht weiterkönnen)	– fest sitzen (= nicht wackelig sitzen)
freisprechen (von Schuld, von einer Anklage)	– frei sprechen (nicht ablesen)
gleichmachen (= bewirken, dass alles gleich ist)	– gleich machen (= sofort, sogleich tun)
großschreiben (mit großem Anfangsbuchstaben)	– groß schreiben (in großer Schrift)
gutschreiben (hinzubuchen, anrechnen)	– gut schreiben (leserlich)
hochfliegen (auffliegen, Richtungsangabe: wohin?)	– hoch fliegen (in der Höhe fliegen, Ortsangabe: wo?)
leichtfallen (= wenig Mühe bereiten)	– leicht fallen (ohne starken Aufprall, ohne Verletzung)

102 Partikel + Verb:
a) Viele Verben sind Zusammensetzungen von der Form **Verbzusatz + Grundwort** (Partikel + Verb). Zu den Begriffen vgl. Nr. 2 u. 9f.

*an*kommen, *ab*fahren, *entgegen*gehen, *hinein*platzen, *auseinander*laufen, *zusammen*laufen, *zurück*kommen, *rückwärts*fahren, *vorwärts*blicken, *wieder*sehen

auch:
einhergehen, eingreifen [*ein-* sprachgeschichtlich entstanden aus *in-*], *überein*stimmen

Einige von ihnen sind **feste Zusammensetzungen.**
Diese werden in allen Formen zusammengeschrieben.
(Einige wenige feste Zusammensetzungen gibt es auch von der Form
– Adjektiv + Verb
– Substantiv (Nomen) + Verb.)

Die meisten von ihnen sind aber **unfeste Zusammensetzungen.**

Diese werden zusammengeschrieben nur
– im Infinitiv
– in den Partizipien
– in der Endstellung im Nebensatz.

b) Der **Aussagewille des Schreibenden** ist entscheidend: Wenn der Schreibende mithilfe der Partikel ausdrücken will, auf welche **Art und Weise** das **Geschehen** (Verb) vor sich geht, so verwendet er die Partikel als **selbstständiges Adverb** und schreibt dieses Adverb vom Verb **getrennt.**

*unter*suchen
*durch*brechen, *hinter*lassen, *über*setzen, *über*treffen, *um*spielen, *unter*halten, *wider*sprechen, *wieder*holen
*unter*suchen, sie *unter*sucht, sie hat *unter*sucht

*lang*weilen, *voll*bringen, *voll*enden, *weiss*agen
*schlaf*wandeln, *schluss*folgern, *wett*eifern

*an*kommen: Der Zug kommt *an*.

abfahren
abfahrend (z.B. der abfahrende Zug); abgefahren
Wir kamen auf dem Bahnsteig an, als der Zug nach Wismar gerade abfuhr.

zwar: Die Freunde wollten einander bald *wiedersehen*.
 (gemäß Punkt a))
aber: Heute ist Neumond. Morgen aber werden wir den Mond *wieder sehen*.

zusammenspielen (= zusammenwirken)
zusammen spielen (= gemeinsam, gleichzeitig spielen)

103 Die Regelungen zum Thema Partikel + Verb ermöglichen es dem Schreibenden durch **Unterscheidungsschreibung** (vgl. Nr. 52), genau das auszudrücken, was er meint.

(In dieses Gegensatzpaar spielt mit hinein, dass das Wort *wieder* mindestens zwei Bedeutungen hat: 1. ‚schon früher, wie vorher', 2. ‚erneut, nochmals'.)

(In dieser Zusammensetzung ist der Wortinhalt von *sehen* verblasst: Es geht nicht um ‚wahrnehmen mit den Augen'.)
(In dieses Gegensatzpaar spielt mit hinein, dass es zwei gleichlautende Wörter *wohl* gibt: 1. „wohl" = ‚gut', Adverb zu „gut", entsprechend dem englischen „well", 2. „wohl" = ‚wahrscheinlich, vermutlich, vielleicht'.)

(sich) auseinandersetzen – auseinander setzen
(= gedanklich) (= z.B. zwei Störenfriede)
dabeisitzen – dabei sitzen
(= mit in der Runde sitzen) (= während eines Vorgangs sitzen)
daherkommen – daher kommen
(= herbeischlendern) (= aus diesem Grunde so sein)
hinterherschwimmen – hinterher schwimmen
(= jmdm. folgend) (danach, später)
weitergehen – weiter gehen
(= 1. nicht stehen bleiben, (= eine längere Strecke gehen)
 2. fortgesetzt werden)
wiedergewinnen – wieder gewinnen
(= zurückbekommen) (= erneut gewinnen, noch einmal siegen)
wiederholen – wieder holen
(= wie früher machen) (= erneut herbeiholen)
wiederkommen – wieder kommen
(= zurückkehren) (= nochmals kommen)
(sich) wiedersehen – wieder sehen
(= einander nach einer Zwischenzeit (= erneut sehen)
begegnen)
(sich) wohlfühlen – (sich oder etwas) wohl fühlen
(= angenehmes Gefühl haben) (= wahrscheinlich fühlen)
wohltun – wohl tun
(= guttun) (= wahrscheinlich tun)
zusammenlaufen – zusammen laufen
(= auf einen Punkt hin) (= gemeinsam laufen)
zusammenspielen – zusammen spielen
(= in eine Richtung wirken, auch: (= gemeinsam, gleichzeitig spielen,
sportliches Zusammenspiel machen) auch gegeneinander)

104 **Substantiv (Nomen) + Verb:**

a) Es gibt eine Reihe von Zusammensetzungen, deren Erstglied ein **Substantiv (Nomen) mit verblasstem Wortinhalt** ist. Man schreibt sie **zusammen.**

Ebenso werden einige weitere Wortverbindungen zusammengeschrieben:

Auch in den gebeugten (konjugierten) Formen gilt Kleinschreibung.

*teil*nehmen
*leid*tun, *not*tun, *statt*finden, *statt*geben, *wunder*nehmen

Verblassung: Man denkt z.B. bei *teilhaben* nicht an einen ‚Teil‘ (= Anteil, Teilstück, Bruchteil)

*eis*laufen (auf dem Eis laufen), *kopf*stehen
ferner: heim-, irre-, kund-, stand-
z. B. *heim*kommen, *irre*führen, *kund*tun, *stand*halten

Ina nimmt an dem Treffen nicht *t*eil. Das tut mir *l*eid.
Theo steht *k*opf.

b) In einigen ähnlichen Fällen ist **sowohl Getrennt- als auch Zusammenschreibung** zugelassen (Doppelschreibung).

Das gilt auch für gebeugte (konjugierte) Formen.

In den gebeugten (konjugierten) Formen gibt es zumeist beide Möglichkeiten.

Acht geben, Brust schwimmen, Dank sagen, Halt machen, Maß halten, Staub saugen
achtgeben, brustschwimmen, danksagen, haltmachen, maßhalten, staubsaugen

Max saugt *S*taub. Ich staubsauge.

Max saugt *S*taub. / Max *s*taubsaugt.
Lisa machte *H*alt. / Lisa machte *h*alt.
Aber nur: Die Kinder schwammen *B*rust.

c) In allen anderen Fällen wird das Substantiv (Nomen) vom Verb **getrennt** geschrieben.

Rad fahren
Hunger haben, Schuld haben, Freude haben, Walzer tanzen

d) **Sonstige Zusammensetzungen:**
Es gibt einige zusammengesetzte Verben, deren erster Bestandteil im Laufe der sprachgeschichtlichen Entwicklung eine klare Wortartzugehörigkeit verloren hat.

abhanden-, überhand-, vorlieb-, zurecht-
*abhanden*kommen, *überhand*nehmen, *vorlieb*nehmen, *zurecht*kommen [Zusammenschreibung, weil Zusammensetzung]

105 In Verbindungen mit einem Verb als zweitem Bestandteil wird in folgenden Fallgruppen **getrennt geschrieben:**

– alle Formen des Verbs **sein,**

da sein, vorbei sein, zurück sein, dabei gewesen, da gewesen

– **Partizip + Verb,**

gefangen nehmen, getrennt schreiben, (beim Partizip I ist die Getrenntschreibung selbstverständlich:) wütend werden

– **Infinitiv + Verb.**

laufen lernen
arbeiten gehen, baden gehen, lesen üben, kennen lernen

(**Sonderfall:** Die Verbindung *kennen* + *lernen* kann auch zusammengeschrieben werden,

kennen lernen,
auch: kennenlernen

ebenso bei übertragener Bedeutung Verbindungen mit dem zweiten Bestandteil *bleiben* oder *lassen*.)

sitzen bleiben, liegen lassen
auch: sitzenbleiben (bei der übertragenen Bedeutung ‚nicht versetzt werden‘), liegenlassen (bei der Bedeutung ‚nicht erledigen‘)

106 Nach **Wortartenwechsel** vom Verb zum Substantiv (Nomen) kommt es zur **Zusammenschreibung.** (Vgl. Nr. 108.)

da sein → das Dasein
glücklich sein → das Glücklichsein
Rad fahren → das Radfahren
sitzen bleiben → das Sitzenbleiben

Diagramm für Getrennt- und Zusammenschreibung beim Verb

107

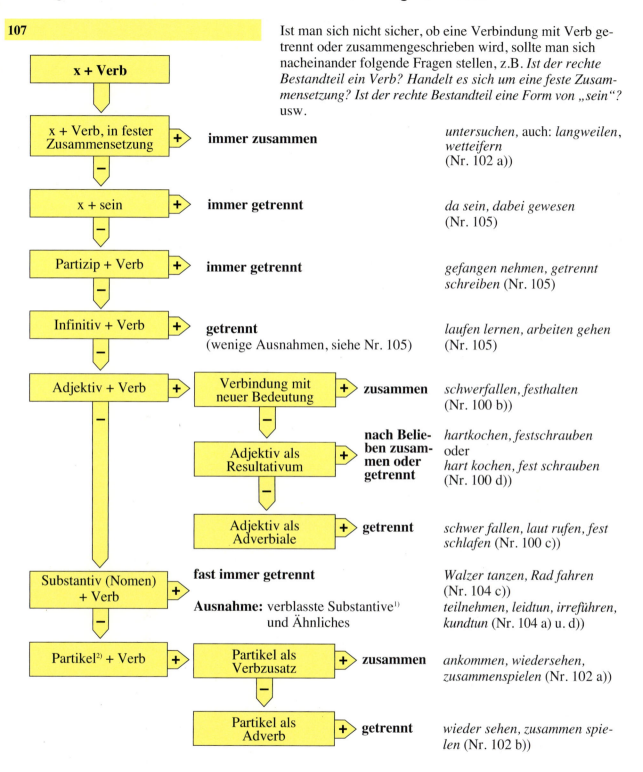

1) In einigen Verbindungen von Substantiv (Nomen) + Verb kann man nach Belieben zusammen- oder getrennt schreiben, z.B. *brustschwimmen* oder *Brust schwimmen*, *maßhalten* oder *Maß halten*, *staubsaugen* oder *Staub saugen* (vgl. Nr. 104 b)).
2) Partikeln hier: Adverbien und Präpositionen; vgl. Nr. 9

Substantive (Nomen)

108 Zu den **Zusammensetzungen** werden naturgemäß viele **Substantive (Nomen)** gerechnet, weil in der deutschen Sprache das Zusammensetzen die produktivste Form der Wortbildung ist.

Blumenkohl, Gemüsehändler, Grundschule, Hauptbahnhof, Erbsensuppe, Fußball, Inbetriebnahme, Zusammenfassung
Ausbildung*s*vertrag, Wohnung*s*tür (mit Fugen-s)

Das gilt auch für Substantive (Nomen), die einen oder mehrere Bestandteile enthalten, die **aus einer anderen Wortart** stammen,

die Nachkommen, das Stelldichein, das Suppengrün [*grün* ist ursprünglich ein Adjektiv], Hochhaus, Schreibtisch, Ichsucht, das Vergissmeinnicht, die Vorfahren, das Ballspielen, das Autofahren (vgl. auch Nr. 106 u. 117 a))

sowie für Substantive (Nomen), die einen **Namen** enthalten.

Ebertallee, Stresemannstraße, Goetheschule, Mörikegedicht, Europabrücke, Elbufer, Reschenpass, Kopischweg,

aber: August-Kopisch-Weg, Gustav-Stresemann-Straße, Friedrich-Ebert-Allee (mehrteiliger Name, vgl. Nr. 109 b))

Getrennt geschrieben werden hingegen zweiteilige Bezeichnungen, deren **erster Bestandteil** eine **Ableitung auf -er** von einem **geografischen Eigennamen** ist.

Allgäu*er* Alpen, Brandenburg*er* Tor, Hamburg*er* Straße, Naumburg*er* Dom, Potsdam*er* Abkommen, Thüring*er* Wald, Torgau*er* Elbbrücke, Ulm*er* Münster (vgl. Nr. 132)

Schreibungen mit Bindestrich

109 a) Diese Schreibung gilt für Zusammensetzungen

– mit Einzelbuchstaben,

A-Dur, x-Achse, U-Bahn, C-Dur-Tonleiter, S-Bahn-Schalter

– mit Abkürzungen,

Fußball-WM, IC-Zuschlag, Kfz-Papiere, UKW-Sender, UN-Sicherheitsrat

– mit Ziffern.

3-silbig, 6-jährig
(selbstverständlich auch möglich: dreisilbig, sechsjährig)

b) Die Schreibung mit Bindestrich gilt auch für Zusammensetzungen, die aus **mehr als zwei Teilen** bestehen und als Substantiv (Nomen) verwendet werden.

das Arzt-Patient-Verhältnis, die Do-it-yourself-Bewegung, Frage-und-Antwort-Spiel, die Wenn-dann-Aussage, die Wort-für-Wort-Übersetzung;
das An-den-Haaren-Herbeiziehen, das Sowohl-als-Auch

Diese Verwendung des Bindestrichs nennt man **Durchkoppelung**.
Bei Durchkoppelungen mit Infinitiven wird der **Infinitiv großgeschrieben** (sind es mehrere Infinitive, so wird der letzte großgeschrieben), außerdem der **Anfangsbuchstabe** der ganzen Zusammensetzung und alle einbezogenen Substantive (Nomen).

das Auf-die-lange-Bank-*Sch*ieben, das In-der-Welt-*S*ein, das Mitten-in-der-Nacht-*A*ufwachen

das Sich-retten-*L*assen
das *I*n-den-*F*erien-Sein
(aber: das Fröhlichsein [Zusammensetzung aus nur zwei Bestandteilen; vgl. Nr. 106 u. 108])

(Zusammensetzungen aus mehr als zwei Bestandteilen werden aber ohne Bindestrich als ein Wort geschrieben, wenn sie übersichtlich sind.)	das Inkrafttreten, der Motorradfahrer, das Zustandekommen, das Infragestellen
c) Die Schreibung mit Bindestrich trifft ferner zu auf **mehrteilige Zusammensetzungen,** deren erste Bestandteile **Eigennamen oder geografische Namen** sind.	August-Kopisch-Weg (aber: Kopischweg, vgl. Nr. 108), Elbe-Havel-Kanal, Friedrich-Oetinger-Straße (aber: Oetingerstraße), Heinrich-Heine-Allee, Julius-Leber-Schule, La-Plata-Mündung, Theodor-Heuss-Platz

110 Man **kann** einen Bindestrich verwenden,

– um Zusammensetzungen aus sehr verschiedenartigen Bestandteilen **übersichtlich** zu machen,	die Ich-Erzählung, die Ist-Erträge, eine Kann-Bestimmung, die Soll-Erträge, die Soll-Zahlen (auch möglich: die Icherzählung usw.); der dass-Satz
– um die Gleichrangigkeit von Adjektiven hervorzuheben,	ein englisch-deutsches Wörterbuch
– um das Aufeinandertreffen dreier Buchstaben zu vermeiden,	Bett-Tuch, Hawaii-Inseln, Schiff-Fahrt (vgl. Nr. 60)
– um Missverständnisse auszuschließen.	Musikerleben → Musik-Erleben oder Musiker-Leben

111

Der **Ergänzungsbindestrich** steht in zusammengesetzten Wörtern, wenn ein gemeinsamer Bestandteil nur einmal geschrieben wird.	bergauf und -ab, Buchausleihe und -rückgabe, ein- bis zweimal, Englischbücher und -hefte, Haupt- und Nebeneingang, vor- und rückwärts

Adjektive und adjektivisch gebrauchte Partizipien

112

a) Es gibt **mehrgliedrige Adjektive und Partizipien,** bei denen ein Bestandteil (oder beide) **nicht als selbstständiges Wort** in der deutschen Sprache vorkommt.	gutmütig < gut + -mütig; - *mütig* ist kein selbstständiges Wort blau*äugig*, *denk*freudig, dick*fellig*, ein*fach*, gleich*altrig*, gleich*förmig*, gleich*mäßig*, gleich*rangig*, groß*spurig*, hart*herzig*, hell*hörig*, letzt*malig*, red*selig*, *schreib*gewandt, schwer*fällig*, schwer*hörig*, schwind*süchtig*, tief*gründig*, viel*deutig*, *werbe*wirksam, *wiss*begierig;
Naturgemäß kann man bei diesen Adjektiven und Partizipien die Bestandteile nicht getrennt schreiben.	schwerstbehindert (*schwerst-* kommt selbstständig nicht vor)
Bei der Selbstständigkeitsprobe darf sich der Wortinhalt der Bestandteile nicht verändern.	einzigartig, gleichmäßig, gleichzeitig, gutartig, hartherzig; *artig, herzig, mäßig, zeitig* bedeuten als alleinstehende Wörter etwas anderes als in der Verbindung.
b) Andere Wortverbindungen mit Adjektiv oder Partizip als rechtem Bestandteil sind deshalb unzweifelhaft eine **Zusammensetzung,** weil sie einen **Fugenlaut** enthalten.	hoffnung*s*froh, hilf*s*bereit, leben*s*bejahend; sonne*n*arm

113	Adjektive und Partizipien können mit anderen Wörtern **Wortverbindungen** vom Typ **freudestrahlend** bilden.	freudestrahlend	< *vor Freude* strahlend
	In diesen Verbindungen lässt sich der linke Bestandteil als **Verkürzung einer Wortgruppe** auffassen.	butterweich denkfreudig eisgekühlt fehlerfrei handgestrickt hautfreundlich	< *weich wie* Butter < *im Denken* freudig < *(wie) mit Eis* gekühlt < *frei von* Fehlern < *mit der Hand* gestrickt < *zur Haut* freundlich, *für die Haut* freundlich
	Da sie Zusammensetzungen sind, werden sie **zusammengeschrieben.**	herzerfrischend jahrelang knielang meterhoch, -breit schlafwandelnd selbstsicher, -bewusst tonangebend umfangreich weltbekannt wortgewaltig	< *das Herz* erfrischend < *mehrere Jahre* lang < lang *bis zum Knie* < *einen* (oder: *mehrere*) *Meter* hoch, breit < *im Schlaf* wandelnd < *seiner selbst* sicher, bewusst < *den Ton* angebend < reich *an Umfang* < *der ganzen Welt* bekannt < *mit Worten* gewaltig
	Die Wortgruppe, die verkürzt wird, muss aus mindestens zwei **notwendigen Wörtern** bestehen.	herzerfrischend < *das Herz* erfrischend; der Artikel *das* ist hier **notwendig** (d.h. obligatorisch); denn der zugrunde liegende Infinitiv lautet: *das Herz erfrischen;* * *Herz erfrischen* wäre kein korrektes Deutsch.	
		Gegenbeispiel: Rad+fahrend; Der Artikel *das* (oder *ein*) ist hier **möglich**, aber **nicht notwendig** (also fakultativ); denn beim zugrunde liegenden Infinitiv wäre *Rad fahren* korrektes Deutsch. Also gilt für *Rad+fahrend* nicht Nr. 113, sondern Nr. 117 a); mithin ist neben der Zusammenschreibung auch Getrenntschreibung möglich.	
114	a) Wortverbindungen mit Adjektiv als zweitem Bestandteil werden dann mit einem anderen Adjektiv **zusammengeschrieben,** wenn es sich um **gleichrangige Adjektive** handelt.	blaugrau (blau und grau zu etwa gleichen Teilen), nasskalt (nass und kalt) ferner: dummdreist, feuchtwarm, grünblau, süßsauer, taubstumm	
	b) Wortverbindungen mit Adjektiv als zweitem Bestandteil werden dann **zusammengeschrieben,** wenn der erste Bestandteil **bedeutungsverstärkend** oder **bedeutungsmindernd** ist.	*bitter*kalt, *lau*warm ferner: brandneu, dunkelbraun, extragesund, grundverschieden, stocksauer, vollgültig	
115	a) Bei Wortverbindungen mit Adjektiv als rechtem Bestandteil hat der Schreibende dann **Wahlfreiheit,** wenn der linke Bestandteil ein unflektiertes **Adjektiv mit gradu-**	schwerverständlich oder schwer verständlich, halbfett oder halb fett, schwerkrank oder schwer krank, leichtverdaulich oder leicht verdaulich, hochgiftig oder hoch giftig	

ierender Bedeutung ist. Der Schreibende kann nach Belieben zusammen- oder getrennt schreiben, wenn er das unflektierte Adjektiv als graduierend versteht (Doppelschreibung).

b) Ist der erste Bestandteil aber erweitert oder gesteigert, dann wird ausschließlich **getrennt geschrieben.**

besonders schwer verständlich, leich*ter* verdaulich

---

116 Bei Wortverbindungen mit einem **adjektivisch gebrauchten Partizip** als zweitem Bestandteil wird dann ausschließlich **zusammengeschrieben,** wenn im zugrunde liegenden Infinitiv zusammengeschrieben wird.

naheliegend (wegen naheliegen), freigesprochen (wegen freisprechen), die *bevorstehende* Überraschung (wegen bevorstehen), die *bereitgestellten* Mittel (wegen bereitstellen), der fehlgeschlagene Versuch (wegen fehlschlagen)
Vgl. Nr. 100 b) u. Nr. 104 a) u. d).

---

117 a) Bei allen anderen Wortverbindungen mit **adjektivisch gebrauchtem Partizip** als rechtem Bestandteil hat der Schreibende **Wahlfreiheit.** Der Schreibende kann nach Belieben zusammen- oder getrennt schreiben (Doppelschreibung).

radfahrend, die *radfahrenden* Kinder
oder
Rad fahrend, die *Rad fahrenden* Kinder

Die Wahlfreiheit gilt auch in den Fällen, in denen im zugrunde liegenden Infinitiv getrennt geschrieben wird.
Vgl. aber Nr. 118 u. Nr. 119.

Infinitiv: Rad fahren, Partizip: radfahrend / Rad fahrend

Der Schreibende trifft seine Entscheidung je nachdem, ob er die Verbindung inhaltlich für **e i n** Wort hält oder nicht. Die meisten Menschen **bevorzugen Zusammenschreibung.**

Zusammenschreibung ist in den Fällen nötig, in denen die Wortverbindung als Ganze gesteigert ist, z. B.: der besorgniserregend*ere* Vorfall.
(Vgl. auch Nr. 120.)

fleischfressend	oder	Fleisch fressend [Subst. (Nomen) + Part.]
notleidend (Flutopfer)		Not leidend
eisenverarbeitend (Industrie)		Eisen verarbeitend
besorgniserregend		Besorgnis erregend
hartgekocht (Ei)		hart gekocht [Adj. + Part.]
frischgekocht		frisch gekocht
warmgelaufen (Motor)		warm gelaufen
schräggedruckt (in Kursivschrift)		schräg gedruckt
tiefgreifend		tief greifend
weitreichend		weit reichend
vielsagend		viel sagend [Numerale (unbestimmtes Zahladjektiv) + Part.]
nichtssagend		nichts sagend [Pronomen + Part.]
obenstehend		oben stehend [Adverb + Part.]
alleinerziehend		allein erziehend

(Bei Wortartenwechsel zum Substantiv [Nomen] wird ausschließlich zusammengeschrieben.)	die Alleinerziehenden, das Obenstehende, das Schräggedruckte	
b) Ist aber der erste Bestandteil erweitert, schreibt man ihn ausschließlich getrennt vom Partizip.	die *große* Not leidenden Opfer	
Getrenntschreibung ist jedoch dann nicht sinnvoll, wenn sich die Erweiterung auf die ganze Wortverbindung bezieht. In diesen Fällen schreibt man den ersten Bestandteil der Verbindung mit dem Partizip zusammen.	die *äußerst* notleidende Bevölkerung ein *sehr* vertrauenerweckendes Aussehen	

118 Die Regelung von Nr. 117 a) gilt nur in den Fällen, in denen das **Partizip adjektivisch gebraucht** wird. Ist das Partizip hingegen **Teil einer Verbform** (vgl. Nr. 18 u. Nr. 21), so wird **getrennt** geschrieben.

der *frischgestrichene* Zaun ↔ Der Zaun *ist* frisch *gestrichen*.
Diese Mutter *hat* ihr Kind allein *erzogen*.
Alle Fabriken in diesem Landstrich *haben* Eisen *verarbeitet*.
Diese Kartoffeln *wurden* frisch *gekocht*.
Ich *habe* die Kartoffeln frisch *gekocht*.
Die Kartoffeln *waren* frisch *gekocht*. [Zustandspassiv]

119 Bei Wortfolgen von der Form **Adjektiv + Partizip** schreibt man dann **getrennt,** wenn man das Adjektiv als eigenes Wort ansieht, das gegenüber dem Partizip selbstständig ist, weil es einen **eigenen Satzgliedteil** (Attribut zu einem Attribut, vgl. Nr. 33) darstellt.

In diesen Fällen sagt das Adjektiv etwas über die Art und Weise dessen aus, das durch das Partizip bezeichnet wird.

der *schön* klingende Gesang
(Wie klingt er?)
das *gründlich* einstudierte Theaterstück
(Wie wurde es einstudiert?)

120 In manchen Fällen gibt es **Unterscheidungsschreibung** (vgl. Nr. 52).

ein freistehendes Haus (nicht bewohnt)	– ein frei stehendes Haus (nicht Wand an Wand mit anderen)
gleichgültig (innerlich unbeteiligt)	– gleich gültig (in gleicher Weise gültig, in Geltung)

In einigen Fällen bevorzugt man
– Zusammenschreibung, wenn eine **Eigenschaft** bezeichnet werden soll,
– Getrenntschreibung, wenn ein **Vorgang** beschrieben werden soll.

eine *fleischfressende* Pflanze

ein (gerade jetzt) *Fleisch fressender* Hund

Diagramm für Getrennt- und Zusammenschreibung beim Adjektiv (oder Partizip)

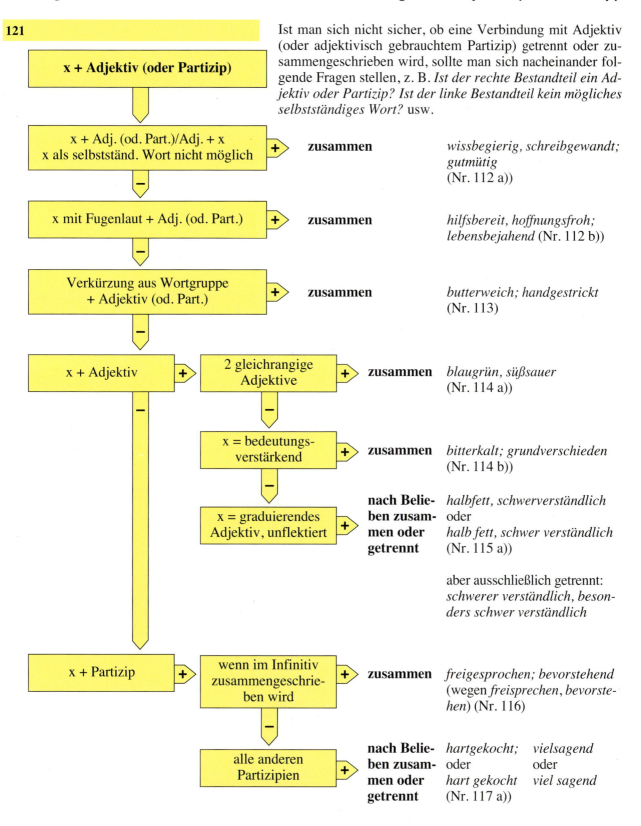

Andere Wortarten

122 **Pronomen** mit *irgend-* werden als Zusammensetzungen aufgefasst und zusammengeschrieben.

irgendeiner, irgendetwas, irgendjemand, irgendwas, irgendwelche, irgendwer; irgendein, irgendwelcher

Das gilt jedoch nicht, wenn *irgend* erweitert ist durch *so*.

irgend so ein, irgend so etwas

Auch **Adverbien** mit *irgend-* werden zusammengeschrieben.

irgendeinmal, irgendwann, irgendwie, irgendwo, irgendwohin

123 Viele **Adverbien** sind Zusammensetzungen.

deswegen, meinetwegen;
infolgedessen, keinesfalls, keineswegs;
diesmal, einmal, keinmal, manchmal, zweimal;
erstmals, letztmals, vielmals;
bekanntermaßen, einigermaßen, gleichermaßen;
erfreulicherweise, erstaunlicherweise, klugerweise, probeweise;
bergauf, flussauf, kopfüber, landaus, landein, stromabwärts, tagsüber;
beiseite

Als Zusammensetzungen werden auch die nebenstehenden Adverbien aufgefasst, darunter Zusammensetzungen mit *-so* und mit *-zu* und *zu-*; (vgl. Nr.125 u. 126).

ebenso, genauso, geradeso, sowieso, umso, wieso;
allzu, geradezu, hierzu, immerzu;
zuerst, zuallererst, zuallerletzt, zugute, zuhöchst, zuletzt, zumindest, zunichte, zuoberst, zuteil (werden), zutiefst, zuunterst, zuwider (vgl. aber Nr. 126);
beizeiten, derzeit, jederzeit, seinerzeit, zurzeit;
jedoch: zur Zeit Heines, zu Zeiten Schillers

Der **Adverbbestandteil** *-einander* bildet mit Präpositionen Zusammensetzungen (zusammengesetzte Adverbien); die beiden Bestandteile werden **zusammengeschrieben**.

aneinander, aufeinander, auseinander, beieinander, durcheinander, füreinander, ineinander, miteinander, untereinander, voneinander, zueinander

124 Es gibt auch zusammengesetzte **unterordnende Konjunktionen**:

anstatt, sobald, sofern, solange, sooft, sosehr, soviel, sowie, soweit (vgl. Nr. 11);
Sofern du einverstanden bist, treffen wir uns morgen.
Sowie Max da ist, brechen wir auf. (Vgl. Nr. 125.)

ebenso zusammengesetzte **nebenordnende** Konjunktionen,

sowie, sowohl (– als auch)
Zeitungen, Zeitschriften *sowie* Taschenbücher

auch **Satzgliedkonjunktionen**

desto, umso

und zusammengesetzte **Präpositionen**.

infolge, inmitten

125 Besondere Aufmerksamkeit ist nötig bei **Verbindungen mit *so*:**
– **Zusammenschreibung** bei unterordnenden Konjunktionen,

Soweit ich weiß, kommt Lisa schon morgen.
Soviel mir bekannt ist, hat Daniel keine Geschwister.
Solange Sarah noch nicht eingetroffen ist, können wir noch nicht anfangen.

– **Getrenntschreibung**, wenn *so* ein Adverb ist.

Florian war mit den Aufgaben schon *so weit* gekommen, dass er aufhören konnte.
In der Küche ist doch noch *so viel* Brot.
Es kamen *so viele* Besucher zu unserer Aufführung, wie wir nie geglaubt hatten.
Lukas blieb *so lange*, bis es dunkel wurde.
Marie muss erst in einer Woche zurück. *So lange* bleibt sie bei uns in Berlin. [*so lange* gleichbedeutend mit *bis dahin*]

so hoch, so weit, so fern, so bald, so oft, so sehr usw.

Hingegen werden Adverbien vom Typ *sogleich* **zusammengeschrieben**. (Vgl. Nr. 123 für Wörter vom Typ **ebenso**.)

Die Schildbürger fanden *sogleich* die Ursache, wie sie meinten.
sofort, sogar, sowieso

126 **Getrenntschreibung** ist in folgenden Verbindungen zu beachten:
– mit **zu,**

zu Ende, zu Ende gehen, zu Hilfe, zu Hilfe kommen, zu Hilfe nehmen (z.B. ein Werkzeug)

zu viel, zu wenig, zu weit
(vgl. auch Nr. 100 b); vgl. hingegen Nr. 123)

– mit **wie,**

wie viel Kuchen, wie viele Gäste

– mit **gar.**

gar kein, gar nicht, gar nichts

127 In einigen Fällen gibt es **wechselnde Schreibungen**. Das gilt vor allem für

– **Adverbien** (und Adjektive) bei **Erweiterung** eines **Bestandteils,**

achtmal	– zum achten Mal, das achte Mal
diesmal	– dieses eine Mal
keinmal	– kein einziges Mal
manchmal	– so manches Mal
erstmals	– das erste Mal
mehrmals	– mehrere Male
vielmal, vielmals	– viele Male
ein paarmal	– ein paar Male
freundlicherweise	– in freundlicher Weise
jahrelang	– mehrere Jahre lang

– **Maßzahlen**

drei Achtel — drei achtel Liter (vgl. Nr. 145)
(auch: drei Achtelliter)

fünf Hundertstel — fünf hundertstel Sekunden
(auch: fünf Hundertstelsekunden)

– Wörter mit **wechselnder Bedeutung**.

sogenannt — so genannt
(eine Bezeichnung (auf diese Weise benannt)
trifft nicht genau zu)

vielmehr — viel mehr

Max ist kein hemmungsloser Esser. *Vielmehr* isst er sehr diszipliniert. [*Vielmehr* ist Gegensatzadverb, ähnlich wie *stattdessen, trotzdem*, vgl. Nr. 9.]

Benni aß zu Mittag *viel mehr* als Max.

128 Bei einigen Wörtern gibt es nebeneinander **zwei gleichberechtigte Schreibungen** (Doppelschreibung).

anhand	– an Hand
anstelle	– an Stelle
aufgrund	– auf Grund
imstande (sein)	– im Stande (sein)
infrage kommen	– in Frage kommen
mithilfe	– mit Hilfe
sodass	– so dass
vonseiten	– von Seiten
zugunsten	– zu Gunsten
zugrunde (gehen, liegen)	– zu Grunde (gehen, liegen)
zuungunsten	– zu Ungunsten
zu Hause	– zuhause
nach Hause	– nachhause

Groß- und Kleinschreibung

Großschreibung

129 Das **erste Wort am Satzanfang** wird großgeschrieben.

*H*eute machen wir einen Wandertag. *W*ir wollen ins Elbsandsteingebirge.

Das gilt auch für das erste Wort im Wiedergabesatz der **direkten Rede,** auch wenn es sich dabei nicht um einen grammatisch vollständigen Satz handelt (vgl. Nr. 174 b)).

Tom fragte: „*O*b wir das schaffen?"

Außerhalb der direkten Rede wird das erste Wort nach einem **Doppelpunkt** dann großgeschrieben, wenn auf den Doppelpunkt ein ganzer Satz folgt; vgl. Nr. 171.

Die Lage war klar: *D*ie Radfahrerin hatte die Vorfahrt beachtet.

aber: Eine Person hatte die Vorfahrt beachtet: *d*ie Radfahrerin.

130 Alle **Substantive (Nomen)** werden **großgeschrieben**. (Vgl. Nr. 135.)	deine Antwort der Bruder das Enkelkind ihr Glaube	eine Million die Schwester mein Schrank ein Stuhl die Schuld das Wort
131 Zu den Substantiven (Nomen) gehören auch die **Eigennamen** (auch mehrteilige):		
– Personennamen	Ludwig der *F*romme, Otto der *G*roße, August der *S*tarke, Elisabeth die *Z*weite	
– und Amtsbezeichnungen,	der *H*eilige Vater (der Papst), der *E*rste Vorsitzende	
– Namen von Staaten	*V*ereinigte Staaten von Amerika, die *T*schechische Republik, *F*reie und Hansestadt Hamburg, *F*reie Hansestadt Bremen	
– und Namen von Einrichtungen und Veranstaltungen,	die *D*eutsche Bahn, der *M*itteldeutsche Rundfunk, *I*nternationales *R*otes Kreuz, das *D*eutsche *R*ote Kreuz, der *T*ürkische *R*ote Halbmond; die *G*rüne Woche	
– geografische Namen,	der *F*erne Osten, die sogenannte „*D*ritte Welt", der *K*leine Belt, die *S*ächsische Schweiz	
– auch Straßennamen,	*B*eim Brunnen, *I*m *T*iefen Grunde, *A*m Gehölz	
– biologische und andere fachsprachliche Benennungen,	das *F*leißige Lieschen, die *G*elbe Karte, der *G*oldene Schnitt	
– Benennung bestimmter geschichtlicher Ereignisse,	der *W*estfälische Friede (1648), der *Sch*warze Tod (mehrere Pestseuchen im Mittelalter), die *G*oldene Bulle (Reichsgesetz von 1356), der *Z*weite Weltkrieg (1939–45)	
– besondere Kalendertage und Ähnliches.	der *H*eilige Abend, der *W*eiße Sonntag, der *E*rste Mai; der Tanz ums *G*oldene Kalb, das *J*üngste Gericht, die *L*etzte Ölung	
132 **Adjektive**, die **von Ortsnamen** und anderen geografischen Namen **abgeleitet** sind, werden – **großgeschrieben**, wenn sie auf *-er* enden, – **kleingeschrieben**, wenn sie auf *-isch* enden.	*H*amburger Verkehrsmittel *h*amburg*ische* Sprechweise	
133 Zu den Substantiven (Nomen) gehören auch die **Substantive (Nomen) in festen Gefügen** (d.h. in festen mehrwortigen Verbindungen). Zu manchen dieser Substantive (Nomen) gibt es gleichlautende Adjektive. Vgl. auch Nr. 143 b).	*A*ngst haben *A*ngst machen *E*rnst machen *R*ad fahren Ihm war *a*ngst und *b*ange. Sie meinte es *e*rnst. Ist es dir *r*echt?	*R*echt behalten *R*echt haben *R*echt sprechen *U*nrecht haben	(Bei *r*echt/*u*nrecht bekommen, haben, geben, tun ist ebenso Kleinschreibung möglich.)

134 Das erste Wort eines **Buchtitels,** einer **Zeitschrift** oder eines **Zeitungsnamens,** eines **Gesetzes** oder **Vertrages,** einer **Kapitel-Überschrift** und von Ähnlichem wird großgeschrieben. **Aber** (bei Veränderung des Artikels):		*D*er kaukasische Kreidekreis; *S*üddeutsche Zeitung, *D*ie Welt; *S*ächsisches Hochschulgesetz; der *W*estfälische Friede; *D*er Winterschlaf des Igels [Überschrift] auch innerhalb eines Satzes: Unser nächstes Lesestück ist „*D*er Augsburger Kreidekreis". Wir wollen diese Erzählung mit dem „*K*aukasischen Kreidekreis" vergleichen. Es stand in *d*er „*W*elt".
135 Substantivierung (Nominalisierung): Auch solche Wörter, die ursprünglich einer anderen Wortart angehörten, werden großgeschrieben, wenn sie **als Substantive (Nomen) verwendet** werden. Sie sind dann **in die Wortart Substantiv (Nomen) übergetreten.**	**Verben:**	sein *K*ommen, dein *R*ufen, das *Sch*wimmen (vgl. Nr. 105) Lisa hatte Freude am *St*ricken. Betty kam vom *Sp*ielen.
	Adjektive und **adjektivisch gebrauchte Partizipien:**	das *Sch*öne, die *A*lten, das *E*ingemachte, unser *E*ingefrorenes, das *L*etzte, etwas *F*eines, genug *N*eues, viel *G*utes, manches *B*rauchbare, allerlei *U*nnützes, wenig *W*ichtiges, nichts *W*esentliches, beliebt bei *J*ung und *A*lt Es ist das *B*este, wenn du sofort kommst. (Vgl. Nr. 120.) Die Ampel schaltete auf *G*rün.
	Pronomen:	Tom musste immer das eigene *I*ch in den Vordergrund stellen. ein gewisses *E*twas, das *M*ein und das *D*ein unterscheiden
	Numeralien (Zahlwörter)	
	Kardinalzahlen:	Der Zeiger rückte auf die *E*ins. (Vgl. Nr. 141)
	Ordinalzahlen:	Die Miete ist am *E*rsten jedes Monats fällig.
	unbestimmte Zahlwörter:	Es kam *V*erschiedenes dazwischen. Sina war die *E*inzige, die diese Sprunghöhe erreichte. Das haben *U*nzählige gesehen. jeder *E*inzelne, im *E*inzelnen, alles *Ü*brige; vgl. aber Nr. 139.
	Adverbien:	ein großes *D*urcheinander, das *H*in und *H*er, im *V*oraus
	Präpositionen:	das *F*ür und *W*ider Der Ball rollte ins *A*us.
	Konjunktionen:	Es kommt nur auf das *D*ass an, nicht auf das *W*ie.

136 **Substantivierungs-** (Nominalisierungs-)**merkmale:** Man erkennt ein substantiviertes (nominalisiertes) Wort meistens an einem der folgenden Merkmale:	
– vorausgehender Artikel oder vorausgehendes Pronomen,	*das N*eue *mein D*aheim, *nichts N*eues; dieser, jener, welcher; mein, dein, sein, ihr, unser, euer, ihr
insbesondere vorausgehendes Indefinitpronomen (vgl. Nr. 7 g))	alles, einige, etwas, kein, manche, mancher, manches, nichts; auch: allerlei, manch; *etwas B*esonderes
od. unbestimmtes Zahlwort (vgl. Nr. 8),	ein paar, viel, vielerlei, wenig; auch: genug; *genug N*eues
– vorangestelltes Adjektivattribut oder nachgestelltes Attribut beliebiger Art,	nach *langem H*in und *H*er das Zweifache (auch: das *D*oppelte) *des früheren P*reises
– Verwendung als Subjekt oder Objekt, (vgl. Nr. 29 und 31)	Gestern kam *V*erschiedenes dazwischen. [Subjekt] Wir sahen *V*erschiedenes. [Objekt]
– Verwendung als kasusbestimmtes Attribut. (Vgl. Nr. 33.)	Stephan als *J*üngster kann noch nicht lesen. [Kasus hier: Nominativ]
In einigen festen Verbindungen mit eigener Bedeutung kann das Adjektiv klein- oder großgeschrieben werden (Doppelschreibung).	das *S*chwarze Brett (= Anschlagtafel), die *E*rste Hilfe
137 **Adjektive** und **Partizipien** sowie **unbestimmte Zahlwörter** in festen Verbindungen werden dann **großgeschrieben,** wenn vor ihnen ein Artikel steht oder ein Artikel in eine Präposition eingeschmolzen ist.	*das F*olgende; *im K*laren (sein); *fürs E*rste, *des N*äheren, *aufs N*eue; *im E*inzelnen [unbestimmtes Zahlwort, vgl. Nr. 135], *im G*anzen, *im W*esentlichen
In Verbindungen **ohne Artikel** werden die Adjektive **kleingeschrieben.** Wenn die Adjektive jedoch eine Kasusendung an sich tragen, können sie auch großgeschrieben werden (**Doppelschreibung**).	durch *d*ick und *d*ünn, von *k*lein auf, von *n*ah und *f*ern vor *k*urzem, von *n*euem, seit *l*ängerem, von *w*eitem, bei *w*eitem, bis auf *w*eiteres, ohne *w*eiteres, binnen *k*urzem **auch:** vor *K*urzem … usw.
138 Das **Anredepronomen „Sie"** (**Personalpronomen,** Höflichkeitsanrede) schreibt man **groß.** Das gilt für alle Kasus	Vgl. Nr. 7 a). Sie, *I*hrer, *I*hnen
und für das **Possessivpronomen** in der schriftlichen und in der schriftlich wiedergegebenen mündlichen Anrede.	*I*hr Hund, *I*hre Katze, *I*hr Haus z. B. Ich habe *I*hren Hund gesehen. [Akkusativ]
Die Anrede **„du"** und ebenso **„ihr"** und **„dein", „euer"** schreibt man **klein;** **in Briefen** können diese Pronomen auch großgeschrieben werden.	„Für *d*einen Anruf danke ich *d*ir vielmals." Ich danke *D*ir herzlich für *D*einen Brief aus Italien.

Kleinschreibung

139 **viel, wenig, der eine, der andere:** Diese **vier unbestimmten Zahlwörter** (mit allen Deklinations- und Steigerungsformen) werden **kleingeschrieben.**
(Vgl. Nr. 8: unbestimmtes Numerale [Zahlwort] und zum Thema Substantivierung der anderen unbestimmten Zahlwörter Nr. 135)

*v*iel, *v*iele, (auch: *m*ehrere, die *m*eisten), *w*enig(e), der *e*ine, der *a*ndere,

die *v*ielen, einige *w*enige

Ausnahme: als eine Bezeichnung für Gott: der *E*ine
Wenn der Schreibende im Einzelfall ein solches Wort als substantiviert auffasst, dann kann er es großschreiben: etwas ganz Anderes, die *E*ine und die *A*nderen, die *M*eisten (vgl. Nr. 135)

140 **Adjektive** werden **auch nach Artikel** dann **kleingeschrieben,** wenn sie sich auf ein vorangegangenes oder nachfolgendes Substantiv (Nomen) beziehen.

Mit den neuen Lokomotiven hat sich die Fahrtdauer verkürzt. Die *a*lten konnten nicht so gut beschleunigen wie die *n*euen. [Bezugswort: *Lokomotiven*]
Julia ist die *ä*lteste meiner drei Schwestern. [Bezugswort: *Schwestern*]

141 Die **Kardinalzahlen** (Grundzahlen) werden normalerweise **kleingeschrieben.**

Diese *d*rei kamen uns bekannt vor.
die *z*wei, die *b*eiden

Gelegentlich können Kardinalzahlen aber substantiviert werden; dann werden sie, wie alle Substantive (Nomen), großgeschrieben.

Es ist gleich *z*wölf Uhr.
aber: Der Zeiger nähert sich der *Z*wölf. [Substantivierung, vorangehender Artikel, vgl. Nr. 135 u. 136]

Einige Kardinalzahlen können **sowohl groß- als auch kleingeschrieben** werden **(Doppelschreibung).**

einige *h*underte von Menschen – einige *H*underte von Menschen, ebenso: *t*ausende – *T*ausende
in einigen *d*utzend Farben – in einigen *D*utzend Farben

142 Die **Indefinitpronomen** (vgl. Nr. 7g)) werden **kleingeschrieben.**

Die Indefinitpronomen werden nie substantiviert: *m*ancher, *j*emand, *k*einer usw.

Siehe aber im Gegensatz dazu über unbestimmte Numeralien (Zahlwörter) Nr. 135, vgl. Nr. 139.

143 a) **Desubstantivierung** (Denominalisierung): Es gibt Wörter, die aus der Wortart Substantiv (Nomen) **in andere Wortarten übergetreten** sind. Sie werden **kleingeschrieben.**

Adverbien:
*a*bends, *m*orgens, *n*achts, *m*ittwochs, *a*nfangs; *b*eiseite
(< Abend, Morgen, Nacht, Mittwoch, Anfang; Seite)
(Vgl. Nr. 144.)

Präpositionen:
*a*bseits (*abseits* der Straße), *a*ngesichts, *m*angels, *m*ittels
(< Seite, Angesicht, Mangel, Mittel)

Konjunktionen:
*f*alls, *t*eils ... *t*eils (< Fall, Teil)

Indefinitpronomen:
ein *b*isschen, ein *p*aar (< Bissen [< Biss], das Paar)

b) Es gibt einige Substantive (Nomen), die in bestimmten Textzusammenhängen in eine andere Wortart übergegangen sind und daher in diesem Fall kleingeschrieben werden.

als **Adjektive** in Verbindung mit den Verben **sein, bleiben, werden:**
*a*ngst, *b*ange, *e*rnst, *f*eind, *g*ram, *l*eid, *p*leite, *r*echt, *sch*uld, *u*nrecht; auch: *w*ert
(< die Angst, die Bange, der Ernst, der Feind, der Gram, das Leid, die Pleite, das Recht, die Schuld; das Unrecht, der Wert)

Das ist Lisa *r*echt. (Vgl. Nr. 132.)

als **Präpositionen:**
*d*ank, *k*raft, *l*aut, *s*tatt, *t*rotz, *z*eit
(< Dank, Kraft, der Laut, die Statt [Stätte], der Trotz, Zeit)
Schneewittchen war den Zwergen *z*eit ihres Lebens dankbar.

Vgl. Nr. 127 für **wechselnde Schreibungen.**

*d*iesmal – dieses eine Mal usw.

144 **Zeitangaben** werden teils klein-, teils großgeschrieben, je nachdem, ob man sie

– als **Adverbien**

– oder als **Substantive (Nomen)**

auffassen muss.

*a*bends, *m*orgens, *n*achts, *d*onnerstags

am Abend, eines Abends, des Abends,
am Morgen, eines Morgens, des Morgens;
in der Nacht, des Nachts, eines Nachts; am Donnerstag

Tageszeitbezeichnungen nach den **Adverbien *heute, gestern, morgen, vorgestern, übermorgen*** werden großgeschrieben.

gestern Morgen, heute Mittag, morgen Abend

aber: (der) Dienstag*n*achmittag, (der) Freitag*a*bend, (der) Sonntag*m*orgen

145 Die **Bruchzahlen auf -tel** werden vor Maßangaben kleingeschrieben. Sie werden auch in Uhrzeitangaben kleingeschrieben, wenn sie darin unmittelbar vor einer Kardinalzahl stehen.
In allen anderen Fällen werden Bruchzahlen auf *-tel* und *-stel* großgeschrieben.

ein *z*ehntel Millimeter, zwei *h*undertstel Sekunden, eine *d*reiviertel Stunde (vgl. auch Nr. 127)
*d*reiviertel fünf

ein Drittel, das zweite Viertel, ein Zehntel des bisherigen Preises
ein Viertel vor fünf

Worttrennung am Zeilenende

146	**Grundregel:** Am Zeilenende werden Wörter an einer **Silbengrenze** getrennt. Die Silben ergeben sich beim langsamen Sprechen.	Bau-er, lang-sam, mü-de, Mu-se-um, ru-fen, schrei-ben, Steu-ern
147	Steht nur **ein Konsonant** zwischen zwei Vokalen, so kommt er bei der Trennung des Wortes auf die **nächste** Zeile. (Vgl. aber Nr. 148.)	ba-den, bei-ßen, Ha-fen, ru-fen; ko-misch, trau-rig
	Stehen in einem **einfachen** (nicht zusammengesetzten) **Wort mehrere Konsonanten** zwischen zwei Vokalen, so kommt bei der Trennung des Wortes nur der **letzte** Konsonant auf die neue Zeile.	El-tern, Fin-ger, Gar-ten, müs-sen, Was-ser; auch: die Kis-te, der kühns-te, lus-tig, der sechs-te; imp-fen, kämp-fen
	Einzelne Vokale am Wortanfang und am Wortende werden nicht abgetrennt.	**nicht:** *A-bend, sondern: Abend **nicht:** *Tau-e, sondern: Taue ferner: aber, eben, Esel, oben, Ofen; Treue, neue
148	**Zusammengesetzte Wörter,** auch solche mit Vorsilben, werden nach ihren Bestandteilen getrennt, die Bestandteile ihrerseits gemäß Nr. 146 und 147.	Ver-ein (nicht: *Ve-rein) Tür-spalt (nicht: *Türs-palt) ab-fah-ren, be-rich-ten, Ba-de-meis-ter, Ver-eins-haus
149	Da Zusammensetzungen (im Sinne von Nr. 148) häufig nicht als solche aufgefasst werden, werden sie von den Schreibenden nach den in Nr. 146 und 147 wiedergegebenen Regeln getrennt. Diese Trennung ist gleichfalls zu akzeptieren.	her-an – he-ran hin-auf – hi-nauf
	Daher ergibt sich für solche Wörter die Möglichkeit von **Doppelschreibungen** bei der Trennung.	Päd-ago-gik – Pä-da-go-gik (nach den altgrie- (nach der Aussprache) chischen Wort- bestandteilen) in-ter-es-sant – in-te-res-sant (aus: lat. inter (= zwischen) (nach der Aussprache) + esse (= sein))
150	Die **Buchstabenverbindungen** (Schriftzeichen) **ch, sch, ck, ph, th** werden nicht getrennt, wenn sie für e i n e n (einzigen) Laut stehen.	Bü-cher, wa-schen, Na-cken, Phos-phor, Goe-the; auch: ba-cken, tro-cken, Zu-cker

Zeichensetzung

151 a) Der **Punkt** kennzeichnet das Ende eines

– Satzes

Der Zug fährt in diesem Augenblick ab.

– oder Satzgefüges

Der Wagen kam ins Schleudern, weil der Fahrer, als er den Hund erblickte, zu plötzlich gebremst hatte. [*Satzgefüge*]

– oder einer Satzreihe.

Ein Hund stürzte auf die Fahrbahn, der Fahrer eines herankommenden Wagens musste plötzlich bremsen, der Wagen geriet ins Schleudern. [*Satzreihe*]

(Vgl. Nr. 40 u. 39.)

b) Das **Fragezeichen** ist ein Mittel, um in der geschriebenen Sprache zu kennzeichnen, dass eine Äußerung als Frage verstanden werden soll.

Will Susanne mitkommen?
Wann wollen wir uns treffen?

Dies gilt auch dann, wenn der Satz nicht als Fragesatz (vgl. Nr. 36) gebaut ist.

Du kommst doch?

c) Durch das **Ausrufungszeichen** wird eine Äußerung als

– Ausruf

Ausgerechnet heute muss es regnen! [*Ausruf*]

– oder betonter Wunsch

Es wäre so schön, wenn jetzt die Sonne schiene! [*Wunsch*]

– oder betonte Aufforderung

Geht heute Abend bitte schnell ins Bett! [*Aufforderungssatz*]

– oder als aus anderen Gründen betont

Er gab das Buch nicht zurück, obwohl ich ihn nicht weniger als dreimal dazu aufgefordert hatte! [*betonte Aussage*]

gekennzeichnet.

d) Eine nicht betonte Aufforderung wird mit einem **Punkt** abgeschlossen.

Schreibt die Aufgabenstellung vollständig in eure Hefte.

152 Das **Komma** ist ein **grammatisches Gliederungszeichen.** Das Komma hat zwei verschiedene Aufgaben:

a) Das Komma macht die innere **Gliederung** von **Satzgefügen** und **Satzreihen** sichtbar. Das Komma trennt die Glieder eines Satzgefüges oder einer Satzreihe gegeneinander ab.

Siehe Nr. 153–164 sowie 168 u. 169.

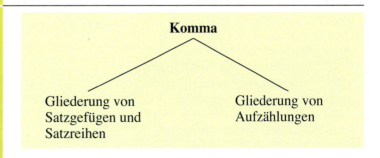

b) Das Komma macht die **Gliederung** innerhalb einer **Aufzählung** sichtbar. Das Komma trennt die Glieder einer Aufzählung gegeneinander ab.
Siehe Nr. 165–167.

c) Das Komma ist **kein Atemzeichen** und **kein Rhythmuszeichen.** Es dient nicht zur Kennzeichnung der Stellen, an denen die Schreibenden beim Sprechen eine Atempause machen würden.

Deshalb ist es kein erfolgversprechender Weg, die Kommas beim Schreiben „nach Gefühl" zu setzen. Vielmehr muss man sich die **Baupläne** seiner Sätze klarmachen.

Für die Hilfe, mit der man am schnellsten Nebensätze erkennt, siehe Nr. 154 und vgl. Nr. 40.

153 **Zur ersten Aufgabe des Kommas: Gliederung von Satzgefügen und Satzreihen** (vgl. auch Nr. 161)

Das **Komma** trennt den **Nebensatz** von einem Hauptsatz ab:

– den nachgestellten Nebensatz (Nachsatz),

Daniel spielte Anna den Ball zu, *weil diese jetzt frei stand*.

– den vorangestellten Nebensatz (Vordersatz),

Weil Anna jetzt frei stand, spielte ihr Daniel den Ball zu.

– den eingefügten Nebensatz (Zwischensatz).
(Der eingefügte Nebensatz wird in ein Kommapaar eingeschlossen: **paariges Komma**.)

Daniel spielte Anna, *weil sie jetzt frei stand*, den Ball zu.

(Vgl. Nr. 42 c))

154 **Wie erkenne ich die Nebensätze?**

Für die richtige Zeichensetzung ist es wichtig, in einem Text die **Nebensätze** zu erkennen.

a) Zum Erkennen der Nebensätze ist die Beachtung der **Personalformen des Verbs** das wichtigste Hilfsmittel.
Bei den meisten Nebensätzen steht die **Personalform des Verbs** (die finite Verbform, das Verbum finitum) **am Satzende**.

Einleitewort	verschiedene Satzglieder	Personalform des Verbs

Vgl. Nr. 41.

weil Daniel es ihm versprochen *hatte*

Oder die Stellung der Satzglieder lässt sich so **umwandeln**, dass die Personalform des Verbs ans Satzende kommt.

…, obwohl die Jungen nicht dabei gewesen *waren* bei der Besprechung.
⇨ …, obwohl die Jungen bei der Besprechung nicht dabei gewesen *waren*.

b) Am **Satzanfang** der Nebensätze steht als **Einleitewort**

– entweder eine unterordnende Konjunktion

weil, obwohl, dass usw.

– oder ein Relativpronomen

der, die, das; welcher; wer, was; bei dem usw.

– oder ein Relativadverb.

woher, wann, weshalb usw.

c) Die Nebensätze sind also an der **Nebensatzklammer** zu erkennen, die sie einfasst.
Sie besteht aus einem Einleitewort **(vordere Klammer)** und der Personalform des Verbs **(hintere Klammer).**

⌐ weil Daniel es ihm versprochen hatte ¬

| – unterordnende Konjunktion – Relativpronomen – Relativadverb | Personalform des Verbs |

Vgl. Nr. 40 und 41 sowie auch Nr. 43.

155 Das **Komma** trennt den **Nebensatz** von einem übergeordneten Nebensatz ab.

▬▬▬▬▬ , ▬▬▬▬▬ , ▬▬▬▬▬ .

Anna lief sich frei, weil sie den Ball haben wollte [übergeordneter Nebensatz], *den Daniel sehr schnell nach vorne gebracht hatte* [untergeordneter Nebensatz].

156 Bei **Vergleichen** wird dann ein Komma gesetzt, wenn ein **ganzer Vergleichssatz** folgt (Komparativsatz, vgl. Nr. 42 b));

Das war mehr, *als wir vertragen konnten.* Dieser eine leistete an einem Tage mehr, *als die anderen in vier Tagen fertiggebracht hatten.*

andernfalls wird kein Komma gesetzt.

[Vergleich, aber kein Vergleichssatz:] Dieser eine leistete an einem Tage mehr *als die anderen in vier Tagen.*

157 a) **Besonderheiten beim Nebensatzanfang:** Besteht der Anfang eines Nebensatzes aus **mehr als einem Einleitewort,** so wird das Komma **vor die ganze Wortgruppe** gesetzt.

Sie wollten bis Worms radeln, `auch wenn` sie die letzten Kilometer bei Dunkelheit fahren müssten.

Ich habe Tom selten gesehen, `aber wenn` wir uns trafen, haben wir ausführlich miteinander gesprochen.

Die Freunde entdeckten Florian, `gleich als` er das Haus verließ.

Wir wollen morgen nach Stavenhagen, `ganz gleich wie` das Wetter wird.

Als Wortgruppen dieser Art kommen vor allem vor:

auch wenn	ferner:
außer dass, außer wenn, außer wo	je nachdem ob
als dass	je nachdem wie
anstatt dass	vor allem weil
ohne dass	besonders wenn
nämlich dass, nämlich wenn	besonders weil
selbst wenn	insofern als

b) **und + unterordnende Konjunktion:** Wenn *und* ein **Satzgefüge** anbindet, das mit einem Nebensatz beginnt, so wird das Komma vor das *und* gesetzt, entsprechend bei *oder* und anderen nebenordnenden Konjunktionen (vgl. Nr. 165 d).

Tom kam spät nach Hause, *und weil* er sehr hungrig war, setzte er sich sofort zu Tisch.

158 Das **Komma** trennt die **satzwertige Infinitivgruppe** vom übergeordneten Satz ab.

Eine Infinitivgruppe besteht mindestens aus einem Infinitiv + *zu*.
Fast alle satzwertigen Infinitivgruppen können durch einen Nebensatz ersetzt werden. (Vgl. zum Begriff „satzwertige Infinitivgruppe" Nr. 42 a)).

Anna sprang sehr hoch, um zu fangen.
→ Anna sprang sehr hoch, *damit sie fangen konnte*.

In den folgenden Fällen **muss** das Komma gesetzt werden (**obligatorisches Komma**):

– wenn vor einem Infinitiv mit *zu* eines der folgenden Wörter steht: ***um, ohne, (an)statt, als, außer***

Anna sprang, *um zu* fangen, sehr hoch.

– wenn die Infinitivgruppe **von einem Substantiv (Nomen) abhängt,**

Anna hatte Erfolg bei ihrem *Versuch*, den Ball doch noch zu fangen.

– wenn die Infinitivgruppe durch ein **hinweisendes (vorausweisendes) Wort**

Anna schaffte *es*, den Ball sicher in den Korb zu bringen.
Anna dachte nicht *daran*, den Ball noch einmal abzugeben.

oder durch ein **aufnehmendes Wort** mit dem übergeordneten Satz **verknüpft** ist.

Den Ball abzugeben, *das* hätte keinen Vorteil gebracht.
Den Ball abzulenken, *damit* hatte die Gegenspielerin keinen Erfolg.
Das Spiel abzubrechen, *diese Maßnahme* wäre unberechtigt gewesen.

Wenn der Infinitiv mit *zu* **unbegleitet** ist, kann das Komma wegfallen. Ein unpersönliches *es* ist kein hinweisendes (vorausweisendes) Wort.

Der Versuch (,) *zu sprechen* (,) misslang.
Anna schaffte es (,) *zu springen*.
Es fängt an zu schneien. [kein Komma]

159 In allen anderen Fällen ist nach dem amtlichen Regelwerk das Komma bei der Infinitivgruppe **fakultativ,** d.h. man **kann** es setzen, aber man muss es nicht.
(**Faustregel:** Setze immer dann ein Komma, wenn die Wortgruppe umfasst: Infinitiv + *zu* + mindestens ein weiteres Wort.)

▭▭▭▭▭▭▭▭▭▭ (,) ▭▭▭▭▭▭▭▭ .
Sophie versuchte vergeblich (,) *den Ball mit ihrer Hand zu erreichen.*

> **Empfehlung:** Man sollte das Komma bei der satzwertigen Infinitivgruppe **stets** setzen, weil dadurch das Satzgefüge übersichtlicher wird.

160 a) Die gleiche Regelung und die gleiche Empfehlung wie in Nr. 159 gilt auch für

– **satzwertige Partizipgruppen** (vgl. zur Begriffsbestimmung Nr. 42 a),

▭▭▭▭▭▭▭▭▭▭ (,) ▭▭▭▭▭▭ .
Den ganzen Körper mächtig streckend (,) warf Anna den Ball in hohem Sprung in den Korb.
Vom Dauerschwimmen ganz erschöpft (,) torkelten die Kinder zu den Umkleideräumen.

– **ähnliche satzwertige Wortgruppen,**

▭▭▭▭ , ▭▭▭▭ , ▭▭▭ .
Die Wanderer suchten, *die Karte in der Hand*, nach der richtigen Abbiegung. (Vgl. Nr. 160 b)).

– **Adjektivgruppen.**

▭▭▭▭ , ▭▭▭▭ , ▭▭▭ .
Die Frühlingssonne, *warm und hell*, stimmte nach dem langen Winter alle fröhlich. (Vgl. Nr. 160 b)).

> Auch bei den satzwertigen Partizip- und ähnlichen Gruppen sollte man das Komma in jedem Fall setzen.

b) Auch bei all diesen Wortgruppen gibt es Fälle, in denen das Komma gesetzt werden **muss** (obligatorisches Komma): wenn eine solche Gruppe

– **eingeschoben**

▭ , ▭▭▭▭▭▭▭▭ , ▭▭▭ .
Anna, *den ganzen Körper mächtig streckend*, warf den Ball in hohem Sprung in den Korb.

– oder **nachgestellt**

▭▭▭▭▭▭▭▭▭▭ , ▭ .
Das Baby lag trotz der Kälte draußen in seinem Wagen, *bis zur Nasenspitze gut eingepackt*.

– oder durch ein **aufnehmendes Wort** mit dem übergeordneten Satz **verknüpft** ist.

▭▭▭▭▭▭▭▭▭ , □ ▭▭▭ .
Vom Schwimmen ganz erschöpft, **so** torkelten die Kinder zu den Umkleideräumen.

77

161 Das **Komma** trennt die Teilsätze einer **Satzreihe** voneinander ab.

▭▭▭, ▭▭▭, ▭▭▭, ▭▭▭.

(Vgl. Nr. 39; man kann mit Blick auf die Zeichensetzung die Satzreihe auch als eine Aufzählung von Hauptsätzen auffassen.)

Die Sonne schien, viele Kleinkinder tummelten sich auf dem großen Spielplatz, die meisten spielten im Sand, einigen gefiel es im Planschbecken noch besser.

Die Teilsätze einer Satzreihe können durch eine Konjunktion miteinander verknüpft sein.

▭▭▭, denn ▭▭▭.

Die Erwachsenen konnten ungestört miteinander plaudern, *denn* auf dem großen Spielplatz im Stadtpark beschäftigten sich die Kinder alle selbst.

Für den besonderen Fall der Satzreihe mit dem Verknüpfungswort *und* oder *oder* oder einer anderen nebenordnenden Konjunktion siehe Nr. 167.

162 Das Komma trennt **alle Teile** ab, **die den Fluss des Satzes hemmen**, wie z.B.
- **Anreden,**

„*Sophie*, sieh dich doch einmal schnell um!"

- **Einschübe** (vgl. auch Nr. 159 b)),

Nachts, *d. h. nach 24.00 Uhr*, ist der doppelte Fahrpreis zu zahlen.
[Die Einschübe werden in Kommas eingeschlossen: **paariges Komma.**]

- **nachgestellte Teile (Nachträge),**

Gestern sind sehr viele Dächer abgedeckt worden, *durch den Sturm*.
Verlassen Sie mein Haus, *und zwar sofort!*
Diese Buslinie ist gut ausgelastet, *vor allem morgens und abends*.

- **Verdoppelungen, Wiederholungen,**

Der Sturm, dieser außergewöhnlich heftige Sturm hat vieles verwüstet.

- den **nachgestellten oder eingeschobenen Begleitsatz** in der direkten Rede (vgl. Nr. 174 d) u. c)).

„Kommen die Mädchen gleich nach?", *fragte ihn seine Tante*.
„Die Mädchen", *sagte der Bruder,* „kommen gleich nach."

In einigen Fällen gewinnt der Schreibende **Möglichkeiten besonderer Hervorhebung** oder hat Wahlfreiheit.

Theo ließ vor Schreck den Teller fallen.
Theo ließ, *vor Schreck*, den Teller fallen.
Theo ließ den Teller fallen, *vor Schreck*.

163 Zu den Einschüben gehört auch die **Parenthese** (eingeschobener Hauptsatz oder eingeschobenes Satzgefüge; das Anfangswort wird kleingeschrieben).

Auf dem Nachhauseweg, *es war mitten im Winter*, überraschte uns ein Gewitter.
Die Nachbarin, *du weißt schon, wen ich meine*, sah lange vom Balkon herunter.

Man kann die Parenthese – und auch andere Einschübe – statt in Kommas auch in **Gedankenstriche** oder in **Klammern** einschließen.

Auf dem Nachhauseweg – *es war mitten im Winter* – überraschte uns ein Gewitter.
Auf dem Nachhauseweg *(es war mitten im Winter)* überraschte uns ein Gewitter.

164 **Nachgestellte Appositionen** (Erweiterungen eines Substantivs [Nomens] durch ein nachgestelltes Substantiv im gleichen Kasus) müssen immer in Kommas eingeschlossen werden **(paariges Komma)** (vgl. Nr. 33).

Ich musste erst noch Moritz, *meinem alten Freund*, helfen.

165 **Zur zweiten Aufgabe des Kommas: Gliederung von Aufzählungen**

a) Das **Komma** trennt die **Glieder einer Aufzählung** voneinander.

Schwimmen, Langlauf, Basketball sind meine drei Lieblingssportarten.

Die Schüler kommen *teils zu Fuß, teils mit dem Fahrrad, teils mit dem Bus*.

b) Es können **aufgezählt** werden:

– **Wörter**

Die vier Jahreszeiten sind *Frühling, Sommer, Herbst* und *Winter*.

– **Wortgruppen**

Man kann diese Aufgabe *im Kopf, auf dem Papier, mit dem Taschenrechner* lösen.

darunter auch mehrstellige Wortfolgen

Wir wollen *eine längere Radtour machen, unterwegs in einem der Badeseen schwimmen, danach Ball spielen, aber trotzdem rechtzeitig nach Hause kommen*.

– **Sätze** (gleichrangige Teilsätze):

• **Hauptsätze**

Die Wolkendecke reißt auf, die Sonne bricht durch, Julia und Martin mieten an der Anlegestelle ein Ruderboot. (**Satzreihe**; vgl. Nr. 161)

• oder **gleichrangige Nebensätze**; (*gleichrangig* bedeutet: Von den Nebensätzen ist keiner einem der anderen Nebensätze untergeordnet).

Laura wusste, *dass Fatima ihr helfen wollte, dass sie schon unterwegs war, dass sie in wenigen Minuten durch die Tür treten musste*. (**gleichrangige Nebensätze**)

Gegenbeispiel: ungleichrangige Nebensätze

▬▬▬▬ , ▬▬▬▬▬▬ , ▬▬▬▬▬▬ .

Laura wusste, *dass Maria gefragt hatte, ob sie sofort kommen soll.*

Der 3. Teilsatz [ein Nebensatz] ist hier mit dem 2. Teilsatz [ebenfalls ein Nebensatz] nicht gleichrangig. Teilsatz 3 ist dem Teilsatz 2 untergeordnet. (Vgl. Nr. 155.)

c) Die Glieder einer Aufzählung können auch
   – durch eine **Gegensatz-Konjunktion** (*aber, jedoch, sondern*) miteinander verknüpft sein.

Er sang nicht schön, *aber* laut.
Er versuchte es erneut, *jedoch* vergebens.
Es waren nicht vier, *sondern* zehn Kamele.

   – oder durch das **negierende Adverb** *nicht* oder durch **das negierende Pronomen** *kein*

Laura wollte am Dienstag, *nicht* am Mittwoch kommen.
Wir erwarten Sonnenschein, *keinen* Regen.

   – oder durch eine **Satzteil-Konjunktion.**

teils zu Fuß, *teils* mit dem Fahrrad, *teils* mit dem Bus

Jedoch steht vor **nachgestelltem** *aber* kein Komma.

Susi kam sofort, Laura *aber* erst nach zehn Minuten.

d) Bei der **Aufzählung** von **Wörtern** und **Wortgruppen** gilt:

und **löscht das Komma;**

▭▭▭▭▭▭ ▨▨▨▨ , ▨▨▨▨ und ▨▨▨▨ .

d. h. wenn Glieder der Aufzählung durch *und* oder eine andere **nebenordnende Konjunktion** miteinander verknüpft sind, steht zwischen ihnen **kein Komma**.

Die Schüler kommen teils zu Fuß, teils mit dem Fahrrad *und* teils mit dem Bus.
Die Schüler kommen zu Fuß, mit dem Fahrrad *oder* mit dem Bus.
(Vgl. für das Gegenteil Nr. 165 a).)

Das Komma ist gleichsam „ersetzt" durch *und, oder* beziehungsweise eine andere nebenordnende Konjunktion.
(Vgl. Nr. 11)

Als solche **nebenordnenden Konjunktionen** kommen in Betracht:
und   sowohl … als auch
oder   entweder … oder
sowie (= ‚und')   weder … noch
beziehungsweise (bzw.)

166 **Feinheiten des sprachlichen Ausdrucks: gleichrangige und ungleichrangige Attribute**

Das **Komma** zwischen Attributen legt an manchen Stellen die genaue Bedeutung einer Wortfolge fest:

– Sind die **Attribute gleichrangig,** steht ein Komma.

der *dritte, aufregende* Tag
[Der gemeinte Tag hat zwei Eigenschaften. Er ist
1. der dritte (z. B. seit der Abfahrt)
2. aufregend;
gleichrangige Attribute: Adj. + Adj. + Substantiv]

– Wenn kein Komma steht, sind die Attribute **nicht gleichrangig,** sondern das linke Attribut erweitert den gesamten übrigen Ausdruck.

der *dritte aufregende* Tag
[Es gab oder gibt mehrere aufregende Tage. Von diesen aufregenden Tagen ist jetzt der dritte gemeint;
ungleichrangige Attribute: Adj. + (Adj. + Substantiv)]

Das Komma zwischen Attributen ist für die Schreibenden ein feines Mittel der **Leser-Lenkung.** Mit dieser Kommasetzung kann ausgedrückt werden, wie der Leser den Text verstehen soll.

ferner:
das *oberste, renovierte* Stockwerk
[Das oberste Stockwerk ist renoviert, die anderen nicht.]

das *oberste renovierte* Stockwerk
[Mehrere Stockwerke sind renoviert. Von diesen ist jetzt das oberste gemeint.]

neue, umweltfreundliche Verfahren
[Es gibt neue Verfahren, und die sind – im Gegensatz zu den alten – umweltfreundlich.]

neue umweltfreundliche Verfahren
[Es gibt umweltfreundliche Verfahren, und von diesen gibt es jetzt eine neue Art.]

---

167 Für die Aufzählung von vollständigen Hauptsätzen, die durch *und* (oder ein anderes verknüpfendes Wort oder Wortpaar) verknüpft sind, gilt eine Sonderregelung:

▬▬▬▬▬▬▬▬▬▬ (,) und ▬▬▬▬▬▬▬▬▬▬.
Die Wolkendecke reißt auf (,) *und* die Sonne bricht durch.
[*zwei Hauptsätze als Teilsätze einer Satzreihe*]

Der Schreibende kann in einer solchen Aufzählung von Sätzen mit *und* (oder einer anderen nebenordnenden Konjunktion) das Komma weglassen oder es setzen **(fakultatives Komma)**.

mögliche Verknüpfungswörter (oder Wortpaare):
und
oder
beziehungsweise / bzw.
entweder – oder
weder – noch
nicht – noch

168 Ein notwendiges Komma vor *und* sowie anderen Konjunktionen:
In Aufzählungen mit *und* (oder einer anderen nebenordnenden Konjunktion) **m u s s** vor dem *und* (usw.) dann ein Komma gesetzt werden,

– wenn vor dem *und* (usw.) ein Nebensatz als **Zwischensatz** (vgl. Nr. 42 c) und 153) eingefügt ist

, ────── , ────── , und ──────.

Das Haus, *das am Fluss steht*, *und* das Haus auf der Bergkuppe gehören dem gleichen Eigentümer.

[*Das gilt auch in dem Fall, in dem der Zwischensatz in einen Nebensatz eingefügt ist*:]
Die Kinder, die gerade hitzefrei bekommen hatten, *weil es wärmer als 27° C war*, *und* die jetzt schnell zum Baden wollten, rasten auf ihren Fahrrädern nach Hause.

– oder ein anders gearteter **Einschub** (vgl. Nr. 162).

Robin, *heute wieder gut in Form*, *und* sein Bruder wurden gemeinsam Sieger.

(Vgl. Nr. 174 e).)

169 **Mögliche Kommasetzung** (fakultatives Komma)

Der Schreibende **k a n n** ein **Komma** setzen:
– vor und nach **formelhaften (bzw. verkürzten) Nebensätzen,**

Wie gesagt (,) es war mitten im Winter.
Die Krankenschwester kommt (,) *wenn nötig* (,) auch nachts.

– um **Missverständnisse auszuschließen,**

Sie rieten (,) ihm zu folgen. ↔ Sie rieten ihm (,) zu folgen.
Ich empfehle (,) Sascha zu helfen. ↔ Ich empfehle Sascha (,) zu helfen.

– zwischen **Hauptsätzen** mit *und* usw.

siehe Nr. 167

– vor und nach **satzwertigen Infinitiv- oder Partizipgruppen sowie ähnlichen Wortgruppen** in vielen Fällen.

siehe Nr. 158–160

170 Das **Semikolon** (Strichpunkt) wird zwischen zwei Sätze gesetzt, wenn ein Punkt eine zu scharfe Trennung bedeuten würde, weil diese beiden Hauptsätze inhaltlich eng zusammenhängen. Nach dem Semikolon wird kleingeschrieben, soweit es sich dabei nicht um ein Substantiv (Nomen) handelt.

────── ; ──────.

Die Vorstellung war zu Ende; die Leute kamen heraus.

171 Der **Doppelpunkt** dient der Ankündigung:
- vor allem der Ankündigung der wörtlichen Rede (vgl. Nr. 174 b))

Laura rief: „Stefan, kannst du mir helfen?"

- aber auch anderen Ankündigungen, insbesondere der Ankündigung von Aufzählungen.

Die Namen der Monate sind: Januar, Februar, März, …

- Manchmal dient der Doppelpunkt auch zur besonderen Hervorhebung.

Sie wusste, auf wen sie besonders achten musste: auf die Rechtsabbieger.

Großschreibung nach dem Doppelpunkt nur dann, wenn **ein ganzer Satz** folgt, sonst **Kleinschreibung**.

Mein Problem war: Wie komme ich nach Ribnitz?

Sie wusste, auf wen sie achten musste: auf die Rechtsabbieger.

---

172 Der **Apostroph** dient als **Auslassungszeichen**.
a) Der Apostroph wird gesetzt
- zur Kennzeichnung des Genitivs bei **Eigennamen**, die
  • auf **-s, -ss, -ß** enden

Ines' Lieblingsbuch, Jonas' Schultasche, Aristoteles' Schriften; Günter Grass' Roman, Voß' Homer-Übersetzung

  • oder auf einen verwandten Laut (**-tz, -z, -x, -ce**),

Heinz' Geburtstag, Alice' Spielzeug

Jedoch **kein** Apostroph bei Artikel, Possessivpronomen o. Ä.: die Schriften *des* Aristoteles

- bei Wörtern mit **Auslassung**, die ohne Apostroph schwer zu lesen wären.

in wen'gen Augenblicken, 's ist auf ewig schade, 's wär' schade

b) Ein Apostroph **k a n n** gesetzt werden bei möglichst exakter schriftlicher Wiedergabe mündlicher Äußerungen.

„Das wär' schad'." (auch möglich: „Das wär schad.")
„Ich lass' das nicht zu."
„Das wär' aber 'ne große Leistung."
„Bitt'schön, nehmen S' Platz!"

c) Bei der **verschmolzenen** Form von **Präposition + Artikel** wird der Apostroph **nicht** verwendet.

beim, am
ans, aufs, fürs

---

173 Die **Anführungszeichen** (auch: Anführungsstriche, „Gänsefüßchen", „Häkchen")
a) werden hauptsächlich für die Kennzeichnung der **wörtlichen Rede** verwendet. Die wörtliche Rede wird durch Anführungszeichen **eröffnet** und durch Anführungszeichen **abgeschlossen**.
(Vgl. Nr. 174 a.)

Theo sagte: „Morgen Vormittag bin ich schon in Stuttgart." Claudia sah ihn an. „Am Nachmittag werde ich in Freiburg sein", fuhr er fort. „Da hast du ja", bemerkte sie, „einen anstrengenden Tag vor dir."

b) Man verwendet sie auch,
– um ein **kurzes Zitat** zu kennzeichnen,

Julia und Anna waren am Sonntag 100 km mit dem Rad gefahren, „nur um nicht einzurosten", wie sie sagten.

– um anzuzeigen, dass man als Schreibender vom Ausgesagten deshalb **abrückt,** weil man den Wahrheitsgehalt bezweifelt oder weil man das Gesagte für unwahr hält

Keine meiner Freundinnen hat das Buch des „Erfolgsschriftstellers" zu Ende gelesen.
[Ist der Autor wirklich ein erfolgreicher Schriftsteller?]

oder weil man **ironisch das Gegenteil** des Gesagten **ausdrücken** will,

Meine Schwester hatte die hässliche Schüssel „aus Versehen" fallen lassen. [d. h. hier: absichtlich]

– um ein **Zitat aus einem geschriebenen Text** zu kennzeichnen,

Im Grundgesetz steht: „Die Würde des Menschen ist unantastbar."

– um **einzelne Wörter** vom umstehenden Text **abzuheben,**

Ich kann beweisen, dass „trotzdem" keine Konjunktion (Bindewort) ist, sondern ein Adverb (Umstandswort).

– um **Buchtitel** usw. zu kennzeichnen.

Ich finde Goethes „Erlkönig" außerdem auch noch interessant.

c) **Halbe Anführungszeichen** benutzt man dann, wenn **innerhalb von Anführungszeichen** wieder etwas mit Gänsefüßchen versehen werden muss oder soll.

Tobias sagte: „Danach hat Tom ‚Hilfe, Hilfe!' geschrien."

„Und das nannte der Arzt nun ‚vorsichtig einrenken'!", berichtete sie empört.

Außerdem verwendet man die halben Anführungsstriche, um zu kennzeichnen, dass man einen **Wortinhalt** darstellt (auch „semantische Anführungszeichen" genannt).

Autogramm: ‚eigenhändige Unterschrift'
Auto: ‚Kraftfahrzeug'

174 Zeichensetzung in der direkten Rede

Statt Begleitsatz heißt es manchmal „Einleitungssatz", „Redeeinleitung".

a) Die **wörtliche Rede** (Wiedergabesatz) wird in **Anführungszeichen** gesetzt.

b) Der **vorangestellte Begleitsatz** (Hinleitung) wird mit einem **Doppelpunkt** abgeschlossen.

Daniel sagte:	„Es regnet schon seit Stunden."
Begleitsatz	Wiedergabesatz (wörtliche Rede)

direkte Rede

Grundform der Zeichensetzung bei der direkten Rede:

Begleitsatz**: „**Wörtliche Rede**."**

Daniel sagte: „Es regnet schon seit Stunden."

Das **Anfangswort** der wörtlichen Rede schreibt man **groß**, auch dann, wenn die wörtliche Rede nicht aus ganzen Sätzen besteht.

Der **Punkt** am Ende der wörtlichen Rede steht **v o r** dem abschließenden Anführungszeichen.

c) Der **eingeschobene Begleitsatz** (Einschub) unterbricht die wörtliche Rede.

Der linke Teil der wörtlichen Rede wird durch **Anführungszeichen** abgeschlossen und der rechte Teil neu durch Anführungszeichen eröffnet.

Der eingeschobene Begleitsatz wird **in Kommas eingeschlossen.**

Das linke Komma steht **h i n t e r** den Anführungszeichen, die den linken Teil der wörtlichen Rede abschließen.

Das erste Wort des rechten Teils wird kleingeschrieben, soweit es sich nicht um ein Substantiv (Nomen) handelt.

Endet der linke Teil der wörtlichen Rede mit einem Ausrufezeichen, so steht zwischen dem linken Teil der wörtlichen Rede und dem eingeschobenen Begleitsatz eine Zeichenhäufung: Ausrufungszeichen, abschließende Anführungszeichen und Komma.

d) Vor den **nachgestellten Begleitsatz** (Ausleitung) setzt man ein **Komma**.

Das Komma steht **h i n t e r** den abschließenden Anführungszeichen der wörtlichen Rede.

Der nachgestellte Begleitsatz beginnt mit einem kleingeschriebenen Buchstaben, soweit er nicht mit einem Substantiv (Nomen) beginnt.

Felix sagte: „*Der* Zug nach Rostock fährt bald ab."

Da rief auch schon der Schaffner: „*Bitte* einsteigen!"
Steffi fragte: „*Wieso* jetzt schon?"
Da antwortete ihr Felix: „*Weil* es gleich losgeht."

Zeichensetzung bei der direkten Rede mit eingeschobenem Begleitsatz:

„Wörtliche Rede", Begleitsatz, „wörtliche Rede."

„Ich komme", sagte Erich, „aus Dresden."

„Ich möchte", sagte Sarah, „*so* gerne nach Möckmühl."

Sonderfall:

„Wörtliche Rede!", Begleitsatz, „wörtliche Rede."

„Bitte!", sagte Clara zu ihrer Freundin, „komm doch schon morgen."

Zeichensetzung bei der direkten Rede mit nachgestelltem Begleitsatz:

„Wörtliche Rede", Begleitsatz.

„Heute gibt es Schokoladenpudding", sagte Laura zu ihrem Bruder.

Am Ende der wörtlichen Rede steht in diesem Fall **kein Punkt**.

Innerhalb der wörtlichen Rede behalten

– Fragesätze das **Fragezeichen,**

– Ausrufe, betonte Wünsche, betonte Aufforderungen das **Ausrufungszeichen.**

In diesen Fällen kommt es zwischen wörtlicher Rede und nachgestelltem Begleitsatz zu einer Zeichenhäufung: Frage- oder Ausrufungszeichen, abschließende Anführungszeichen, Komma.

Wird nach dem nachgestellten Begleitsatz die wörtliche Rede **fortgesetzt,** so werden erneut Anführungszeichen gesetzt und das erste Wort der Fortsetzung wird großgeschrieben.

e) Wird bei **vorangestelltem Begleitsatz** der Begleitsatz nach der wörtlichen Rede **fortgesetzt,** so wird vor diese Fortsetzung ein Komma gesetzt (vgl. oben Punkt b); dies gilt auch dann, wenn die Fortsetzung mit *und* beginnt). Das erste Wort der Fortsetzung wird kleingeschrieben, soweit es sich dabei nicht um ein Substantiv (Nomen) handelt.

Am Ende der wörtlichen Rede wird in diesem Fall der Punkt gelöscht,

aber Fragezeichen und Ausrufungszeichen bleiben stehen, und es kommt zu einer Zeichenhäufung. (Vgl. d.)

Sonderfall:

„Wörtliche Rede**?**" *oder***!**"**,** Begleitsatz**.**

„Kommt ihr jetzt herauf?", rief Frau Schneider.

„Ich will aber nicht!", rief Carla zurück.

„Wie viele Minuten sind es noch bis zur Abfahrt des Zuges nach Stralsund?", fragte die Frau. „*I*ch muss nämlich noch auf meine Tochter warten. Sie will auch mitkommen."

Sonderfall:

Begleitsatz**:** „Wörtliche Rede"**,** Fortsetzung des Begleitsatzes.

Moritz rief: „Die Birne haben wir doch schon eingeschraubt", *und ging auf die Steckdose zu.*

Claudia fragte: „Könnt ihr jetzt kommen?", *während sie schon mit dem Auspacken anfing.*
Sie rief: „Kommt doch endlich!", *und suchte schon den Gerätestecker hervor.*

Register

(Die Zahlen verweisen auf die Nummern links neben den farbigen Spalten)

Ableiten (als Rechtschreibhilfe) **47,** 56, 72, 81, 82, 84, 86f., 93
Ableitung (bei der Wortbildung) 62, 94, 96
Adjektiv 1, **6,** 8, 9, 14, 30, 32, 33, 45, 62, **100f.,** 102, 107, 112–21, 127, 132, 133, 135, 136, 137, **140,** 143, 160, 166
Adverb 1, **9,** 30, 33, 35, 41, 45, 102, 107, **123,** 125–8, 135, 143, **144**
Adverbiale (= adverbiale Bestimmung) **30,** 31, 33, 45, 100
Adverbialsatz 42
Adversativsatz 42
Akkusativ **5,** 7, 29, 42, 44f.
-objekt 29, 42, 44f.
Aktiv 19, 21
Anführungszeichen 173, 174
–, halbe 173
Anredepronomen im Brief 138
Apostroph 172
Apposition 33, 164
Artikel 1, **4,** 10, 45, 76, 113, 134, 136, 137, 172
Attribut 33, 42, 45, 119, 136, **166**
-satz 42
Aufforderungssatz 36, 151
Aufzählung 152, 161, **165,** 167
Auskunftsfrage **36,** 43
Ausrufe-/Ausrufungszeichen 151, 174
Aussagesatz 36

Bedingungssatz (Konditionalsatz) 42, 43
Begleitsatz (bei Redewiedergaben) 24, 42, 162, **174**
Bindestrich 109–11
Bruchzahl **8,** 127, 145
Buchtitel, Schreibung 134, 173

das/dass-Regel 76
Dativ **5,** 7, 29, 45
-objekt 29, 45
Dehnungs-e 48, **49**
Dehnungs-h 48, **49,** 66, 67
Deklination **5,** 7
Demonstrativpronomen 1, **7,** 33, 76, 136
Denominalisierung 143
Desubstantivierung 143
Diphthong (Zwielaut) 49, 53–7
direkte Rede 129, 162, 173, **174**
Doppelpunkt 129, **171,** 174
Doppelschreibung 64, 77, 89, 91, 92, 100, 104, 105, 107, 115, 117, 128, 136, 137, 141, 149
Durchkoppelung 109

Einleitewort (im Nebensatz) 40, **41,** 42, 43, 45, **154,** 157
Einleitungssatz (in Redewiedergaben) *s. Begleitsatz*
Einschub 160, **162,** 163, 174
Entscheidungsfrage **36,** 43
Ergänzungsbindestrich 111
Ersatzformen (beim Konjunktiv) 26f.

Femininum 5, 7
Finalsatz 42
finitie Formen (des Verbs) 13, 154; *vgl. Personalformen*
Frage 25, **36,** 42, 43, 151, 174
-adverb **9,** 41, 43
-pronomen 1, **7,** 43
-satz 25, **36,** 42, 151, 174
-wort 7, 9, 41, 43
-zeichen 151, 174
Fremdwort, Schreibung 59, 78, 79, 89, 91f., 149
Fugen-h 47, 53, 66, **67**
Futur (I) 16, **17, 18,** 21, 22, 24, 26, 27
Futur II 16, 17, 18

Gedankenstrich 163
Genitiv **5,** 7, 29, 33, 172
-objekt 29
Genus 5
Genus Verbi *s. Handlungsarten*
Getrennt- u. Zusammenschreibung 99–128
–, Adjektive und Partizipien 112–21
  Diagramm dazu 121
–, Substantive (Nomen) 108–11
–, Verben 100–7
  Diagramm dazu 107
–, andere Wortarten 122–8
gleichrangige Attribute 166
– Teilsätze 165
Gleichsetzungsakkusativ 32
Gleichsetzungskasus 32
Gleichsetzungsnominativ 32
Gliedsatz 35, **42**
Groß- u. Kleinschreibung 104, 109, 129–45, 171, 174
Großzahl 8
Grundstufe (Positiv) 6
Grundwort 2, 29, 59, 63, 84, 102; *vgl. Wortstamm, Stammwort*

halbe Anführungszeichen 173
Handlungsarten (des Verbs) **12,** 19–21
Handlungspassiv 21
Hauptsatz **35,** 37–9, 40, 44f., 153, 161, 163, 165, 167, 169, 170
Hilfsverb 15, 18, 21
Höflichkeitsanrede **7,** 138

Imperativ 22
Indefinitpronomen 1, **7,** 136, **142,** 143
Indikativ 22
indirekte Rede **23f.,** 42, **43**
indirekter Fragesatz 42, **43**
infinite Formen (des Verbs) 14, 29, 38; *vgl. Infinitiv, Partizip*
Infinitiv 12, **14,** 15, 18, 21, 42, 45, 47, 102, 105, 107, 109, 117, 121, 158, 159, 169
-gruppe **42,** 45, **158,** 159, 169
Interjektion 1
Interrogativpronomen *s. Fragepronomen*

Kardinalzahl **8,** 135, **141,** 145
Kasus **5,** 7
Klammerbau
– im Hauptsatz 38
– im Nebensatz 40f., 154
Komma **152,** 153–69, 174
– bei „und" 157, 165, 167–9, 174
– in Aufzählungen 165–7
– in Satzgefüge und Satzreihe 153–64
– mögliches (fakultatives) K. 158, 159, 160, 167, **169**
– paariges K. 153, 162, 164, 174
Komparativ 6
-satz 42, 156
Konditionalsatz 42, 43
Konjugation **2,** 12–27
Konjunktion 1, **11,** 35, 39, 41–3, 45, 76f., 124f., 135, 143, 154, 157, 161, 165, 167f., 174
Konjunktionaladverb 9
Konjunktionalsatz 42
Konjunktiv I 22, **23f.,** 26, 43
– II 22, **25,** 26, **27**
Konsekutivsatz 42
Konsonanten, Schreibung
  b – p: 81
  ch: 80
  ck – kk: 79
  d – t (dt – tt): 82–5
  g – k, g – ch: 86–8
  h: 66f.
  s – ß – ss: 68–77
  th – rh: 91f.
  v – f – pf – ph: 89f.
  x – ks – cks – gs – chs: 78
  z – tz: 78
Konsonantenhäufung 48, **49,** 51, 61f.
Konsonantenverdoppelung 48, **49,** 59, 60–2
Konzessivsatz 42
Kürzezeichen 48, **49,** 58–62, 71

Längezeichen **49,** 50, **66f.,** 69, 71
Lokalsatz 42

Maskulinum 5, 7
Modalsatz 42

Nachsatz 42, 153
Nachsilben, Schreibung 94, 96
Nachtrag (Zeichensetzung) 162
Namen, Schreibung 33, 108, 109, **131,** 132, 172
Nebensatz 24, 35, **40,** 41–3, 45, 152f., **154,** 155–7, 167, 168f.
–, gleichrangiger 167
Nebensatzklammer 40f., **154**
Neutrum 5, 7
Nomen (= Substantiv) 1, **3,** 8, 29, 30, 32, 33, **44f.,** 62, 104, 107, 108–11, 118, 120, 127f., 130f., 133, 141, 143, **144f.**
Nominalisierung 135f., 139, 141, 145

87

(Die Zahlen verweisen auf die Nummern links neben den farbigen Spalten)

Nominativ **5**, 7
Numerale (= Zahlwort) 1, **8**, 33, 45, 127, 135, 136, 137, 145
–, unbestimmtes 8, 135, 136, 137, **139**
Numerus 2, **5**, 7, **12**, 13

Objekt **29**, 31, 42, 44f., 136
objektartige Ergänzung 33
Objektsatz 42
Ordinalzahl **8**, 33, 131, 135

Parenthese 163
Partikel 1, **9**, 102f., 107, 126, 135, 143
Partizip **14**, 15, 18, 21, 42, 62, 96, 105, 107, 112–21, 135, 137, 160, 169
-gruppe (auch: Partizipialgr.) **42, 160**, 169, 169
Passiv 19–21, 118
Perfekt 16, **17, 18,** 21, 22, 24–7
Person 2, 7, **12**, 13
Personalformen (des Verbs) (= finite Verbformen) **13**, 15, 29, 35, 37f., 40f., 43, 47, 62, 102, 118, 154
Personalpronomen 1, **7**, 29, 45, 138
– Schreibung im Brief 138
Plural 2, 5, 7, 13
Plusquamperfekt 16, **17, 18,** 21
Positiv (Grundstufe) 6
Possessivpronomen 1, **7**, 33, 44f., 138
– Schreibung im Brief 138
Prädikat 29, **44f.**
Prädikativ (= Prädikatsnomen) 32, 45
Prädikatsnomen (= Prädikativ) 32, 45
Präfix 94, 148
Präposition 1, **10**, 30, 31, 33, 42, 45, 107, 124, 126, 135, 137, 143, 172
präpositionales Objekt 31, 45
Präsens 16, **17, 18,** 21, 22, 24–7
Präteritum 16, **17, 18,** 21
Pronomen 1, **7**, 29, 35, 41f., 44f., 76, 122, 135, 136, 138, 154, 165
Punkt 151, 170, 174

Rechtschreibhilfen **46f.**, 56, 72, 81, 82, 84, 86f., 93
Rede
–, direkte 129, 162, **174**
–, indirekte **23f.**, 42, 43
–, wörtliche 173, **174**
-einleitung *s. Begleitsatz*
Reflexivpronomen 1, 7
Relativadverb **9**, 41f., 154
– -pronomen 1, **7**, 35, 41f., 45, 76, 154
– -satz 42

Satz **35**, 36–43, **44f.**, 129, 151, 152–64, 165, 166–70, 171, 174
–, Bauformen 35, 37f., 41, 43, 154
–, gleichrangiger 165
–, übergeordneter 24, **40**, 42, 155, 158, 160, 165
–, untergeordneter 24, **40**, 42, **154**, 155, 158, 160
Satzart 36, 44f.
Satzgefüge **40**, 152, 153–60, 163, 168

Satzglied **28**, 29–33, **34**, 44f., **100 c),** 102 b)
Satzreihe **39,**152, **161,** 165, 167
satzwertige Wortgruppe **42, 45, 158f.,** 160, 169
Semikolon 170
Singular 2, 5, 7, 13
Sprechzeitpunkt 17
Stamm *s. Wortstamm, Stammwort*
Stammformen (des Verbs) 18, 74
Stammwort 47, 59, 63, 84; *vgl. Grundwort*
Steigerung (des Adjektivs) 6
Subjekt **29**, 42, **44f.,** 136
-satz 42
Substantiv (= Nomen) 1, **3**, 8, 29, 30, 32, 33, **44f.**, 62, 104, 107, 108–11, 118, 120, 127f., 130f., 133, 141, 143, 144f.
Substantivierung 135f., 139, 141, 145
Suffix, Begriff 94
–, Schreibung 87, 96; *vgl. Wortendung*
Superlativ 6
Syntax (Satzlehre) 35–43

Temporalsatz 42
Tempus **12**, 16–8, 21, 22, **24**
–, Bildungsweise 18
–, Verwendung 17
Tempusfolge (in indir. Rede) 24
Trennung *s. Worttrennung*

Überordnung *s. Satz*
Umlaut 50
Umschreibung (beim Konjunktiv) 22, 25, 27
Umstellprobe 28
unbestimmtes Zahlwort **8**, 135, 136, 137, **139**
Unterordnung *s. Satz*
Unterscheidungsschreibung **52**, 55, 57, 65, 75, 76, 83, 88, 90, **101, 103,** 120

Verb 1, **2, 12**, 13–27, **29**, 35, 37–43, 44f., 47, 61f., 74, 100–7, 135, 154
– finite Formen (= Personalformen) **13**, 15, 29, 35, 37f., 40f., 47, 102, 118, 154
– Handlungsarten 12, 19–21
– infinite Formen 14, 29, 38; *vgl. die Stichwörter Infinitiv, Partizip*
– Modi 12, 22–7
– Personalformen u. infinite Formen 12, 13–15, 18, 21
– Personen und Numeri 12, 13
– schwaches V. 18, 27
– Stammformen 18, 74
– starkes V. 18, 27
– Tempora 12, **16–8,** 21, 22–7
Verbformen, zusammengesetzte **15**, 18, 21, 26f.
Verbum finitum *s. Personalform*
Verbzusatz 2, 29, 102
Vergleich 156
-ssatz 42, **156**
Verlängern (als Rechtschreibhilfe) **46**, 81, 82, 84, 86f., 97
Vokal
–, kurzer 48, **49,** 58–65, 71, 74
–, langer 48, **49,** 50–2, 53–7, 71, 74
–, Verdoppelung 48, **49,** 50

Vollverb 15
Vordersatz 42, 153
Vorsilben, Schreibung 94f., 148

wechselnde Schreibung 74, 127
Wiedergabesatz
– bei direkter Rede 129, 173, **174**
– bei indirekter Rede (in Nebensatzform) **24**, 43
wörtliche Rede 129, 173, **174**
Wortart **1**, 2–27, **44f.**
–, flektierbare 2–8
–, unflektierbare 9–11
Wortaufspaltung (beim Verb) 2, 38
Wortendung 59, 71, 81, 82, 86, 87; *vgl. Nachsilbe, Suffix*
Wortgruppe 113, 121, 157, 165; *vgl. Infinitivgruppe, Partizipgruppe*
Wortstamm 14, **94;** *vgl. Grundwort*
Worttrennung (am Zeilenende) 146–50

Zahladjektiv 8
Zahlwort 1, **8**, 33, 45, 127, 135, 136, 137, 145
–, unbestimmtes 8, 135, 136, 137, **139**
Zeichensetzung 151–74
Zeitangaben, Schreibung 144
Zerlegung (des Verbs im Satz) 2
Zukunft 17
Zusammen- und Getrenntschreibung *s. Getrennt- u. Zus.schreibg.*
zusammengesetzte Verbformen **15**, 18, 21, 26f.
Zusammenschreibung *s. Getrennt- u. Zus.schreibg.*
Zusammensetzung 2, 60f., 106, 107, **108**, 109, 112–4, 116, 121, 122–5
–, feste 102, 107
–, trennbare **2**, 100–4, 107
–, unfeste **2**, 100–4, 107
–, untrennbare (feste) 102, 107
Zustandspassiv 21, 118
Zwielaut *s. Diphthong*
Zwischensatz 42, 153, 160